Pankratius von Dinkel

## Katholisches Andachtsbuch

zweite vermehrte Auflage

Pankratius von Dinkel

**Katholisches Andachtsbuch**
*zweite vermehrte Auflage*

ISBN/EAN: 9783743350311

Hergestellt in Europa, USA, Kanada, Australien, Japan

Cover: Foto ©Lupo / pixelio.de

Manufactured and distributed by brebook publishing software (www.brebook.com)

Pankratius von Dinkel

**Katholisches Andachtsbuch**

# Katholisches

# Andachtsbuch

zum Gebrauche

bei dem

## öffentlichen Gottesdienste.

Zweite, vermehrte Auflage.

# Erlangen,

Palm'sche

Verlags- und Sortiments-Buchhandlung.

1863.

Druck von C. Fr. Mras in Glückburg.

Dir, meine liebe Pfarrgemeinde! widme ich dieses Büchlein. Einem dringenden Bedürfnisse in Ansehung des Kirchengesanges abzuhelfen, war die nächste Absicht, welche mich zur Herausgabe desselben bestimmte. Damit es aber zum andächtigen Gebrauche im Gotteshause durchwegs dienen möchte, habe ich eine Sammlung von Gebeten beigefügt, welche ebenso der Einzelne für sich verrichten kann, als sie zugleich zu dem lauten und gemeinsamen Sprechen bestimmt sind.

Dabei habe ich allerdings den weiteren Wunsch, dieses Büchlein möge von Dir angesehen werden als ein kleines Schärflein zur Förderung des an uns Allen noch zu vollen-

2

denden geistlichen Tempelbaues und als ein bescheidenes Denkzeichen jener Liebe, die durch kein Zeitverhältniß und selbst nicht durch den Tod zerstört werden kann. Gott gebe dazu seinen Segen!

Erlangen, am Frohnleichnamsfeste 1853.

P. Dinkel,
katholischer Stadtpfarrer.

# Morgengebet.

Die Nacht ist vorüber, der Tag wieder da, und ich lebe noch. Wache auf, meine Seele, und lobe den Herrn, und vergiß nicht, was er dir Gutes gethan! Gott, dir danke ich, daß ich noch lebe; ich erkenne, daß ich nur durch dich lebe und bete dich an als den Herrn meines Lebens. Du bist mein Schöpfer und Vater, die ewige Allmacht und Wahrheit, ich glaube an dich; du bist die unendliche Barmherzigkeit, ich hoffe auf dich; du bist die Liebe selber, ich liebe dich; du bist mein größter Wohlthäter, ich danke dir; du hast mich erschaffen, da ich Nichts war; du hast mich erlöst, da ich verloren war; du hast mich geheiligt, da ich unheilig war; du hast mich erhalten bis heute, da ich es nicht werth war. Und da ich Alles von dir habe, auch diesen Morgen, so opfere ich dir Alles auf; nimm dieses Opfer gnädig an! Dein sei die Seele, sie ist dein Ebenbild; dein sei der Leib, du hast ihn zusammengefügt aus Nerv und Bein; dein sei das Auge, du hast es gebildet; dein sei das Ohr, du hast es gebauet; dein sei die Hand, du

1

haſt ſie gemacht; dein ſei das Herz, du haſt es geſtaltet; Alles iſt dein Werk, Alles an mir ſei auch deinem Dienſte geweihet; dein Wille geſchehe an mir und an Allem, was mein iſt. Ich will heute an dich denken, dich ehren und loben, dich bekennen und lieben mit Leib und Seele, mit Allem, was ich habe, heute und in Ewigkeit. Amen.

Herr Jeſu! Alles will ich heute in deinem Namen thun. Laß es mich fröhlich anfangen, ungehindert fortſetzen und glücklich vollenden. Bewahre mich vor Müßiggang und hilf mir, immer Etwas zu thun, wodurch deine Ehre be= fördert, Anderen gedient, mir und den Meinigen geholfen wird. Segne meine Arbeiten, mache mir leicht, was ſchwer, ſicher, was gefährlich, lieb und angenehm, was mir auferlegt iſt, und hilf, daß ich des Tages Laſt und Mühe geduldig ertrage. — O Jeſu! hilf mir auch heute gegen alle Macht des Böſen; du weißt, daß ich noch immer ſündlich und gebrechlich bin. Laß nicht zu, daß heute der unglückliche Tag ſei, an dem ich falle, deine Gnade verſcherze und ewig ver= loren gehe. Laß, während mein Auge wacht, mein Gewiſſen nicht ſchlafen, damit ich heute nicht Etwas denke, vornehme, rede oder thue, das dich erzürnen, meinen Nächſten beleidigen, mir ſelbſt ſchaden könnte. Behüte mich auch vor böſen Menſchen und vor allem Unglück an Leib und Seele; und — ſollte dieſer Tag der letzte ſein, ſo behüte mich vor einem unſeligen Ende. Verſorge mich nach deinem Gefallen, begleite mich mit deinem Engel, laß mich von Morgen bis am Abend dir immer empfohlen ſein! — Die

Allmacht des Vaters beschütze mich, die Weisheit des Sohnes leite mich, die Kraft des heiligen Geistes erhalte mich! Herr, segne und behüte mich und die Meinigen, wie auch alle Menschen, und gib den Abgeschiedenen die ewige Ruhe! Amen.

(Augsb. A. B.)

## Vorbereitung zum Gebete.

Beim Eintritte in die Kirche besprenge dich mit Weih=wasser und sprich:

Besprenge mich, o Herr! mit dem reinigenden Wasser deiner Gnade und schaff ein reines Herz in mir.

Dann bezeige Jesus im allerheiligsten Altarsacra=mente eine Weile knieend deine Anbetung und sprich:

Eröffne, o Herr! meinen Mund, deinen heiligen Namen zu preisen; reinige mein Herz von allen eiteln, verkehrten und fremden Gedanken; erleuchte den Verstand und entflamme das Herz, damit ich mein Gebet würdig, aufmerksam und andächtig verrichten möge und vor dem Angesichte deiner göttlichen Majestät erhört zu werden verdiene. Durch Christum unsern Herrn. Amen.

# Die Feier der heiligen Messe.

## Gebete bei der heiligen Messe.

### Zum Eingang.

Allmächtiger, ewiger Gott! Vater des Trostes und der Erbarmung! ich bin in deinen heiligen Tempel gekommen, um mit dem Priester jenes Opfer zu feiern, welches einst dein eingeborner Sohn durch seinen blutigen Tod am Kreuze vollbracht hat und fortwährend in unblutiger geheimnißvoller Weise auf unsern Altären erneuert.

Bereits ist der Priester zum Altare gegangen. Sein Gang erinnert mich an den schmerzvollen Leidensweg, welchen Jesus um der Sünden der Welt willen hinauf auf Calvaria gegangen ist. Ach! auch ich war die Ursache seiner bittern Leiden, seines qualvollen Todes; auch um meiner Sünden willen büßte, litt und starb er. Demungeachtet bin ich der Sünde noch nicht gestorben; ich häufe Uebertretung auf Uebertretung, Beleidigung auf Beleidigung, Missethat auf Missethat. Schambedeckt muß ich vor dem Altare meine Sündhaftigkeit bekennen und an die Brust schlagend ausrufen: Meine Schuld — meine Schuld — meine große Schuld!

Vater im Himmel! sei mir gnädig und barmherzig, geh nicht mit mir armen Sünder in das Gericht. Laß dieses heilige Opfer deines gebenedeiten Sohnes mir zur Vergebung meiner Sünden gereichen. Zur Erlangung dieser Gnade vorder-

samst opfere ich es dir. Nicht bloß mir laß dieses Opfer zum Heile werden, sondern der ganzen
Welt, den Lebendigen und den Verstorbenen.

In Demuth und Zerknirschung des Herzens
rufe ich mit dem Priester: Herr, erbarme dich!
Christus, erbarme dich! Herr, erbarme dich!

### Zum Gloria.

Ehre sei Gott in der Höhe und Friede den
Menschen auf Erden! Diesen Lobgesang, den
einstens die engelischen Heerschaaren auf den nächt-
lichen Fluren Bethlehems sangen, hat so eben
der Priester angestimmt. O Trost für meine
Seele! der Herr will nicht den Tod des Sünders,
sondern daß er lebe; wohlgefällig ist ihm ein
zerknirschtes Herz, und über ein solches freut er
sich mehr als über neun und neunzig Gerechte.
Liebreich läßt er Verzeihung dem Reuigen angedeihen und gibt ihm den himmlischen Frieden
zurück, den die Welt nicht geben kann. In kindlicher Hoffnung vereinige ich armer Sünder denn
meine Stimme mit des Priesters Stimme: Ehre
sei Gott in der Höhe, und Friede den Menschen
auf Erden, die eines guten Willens sind. Ich
lobe dich, ich preise dich, ich bete dich an, Herr,
Gott, himmlischer König! Eingeborner Sohn!
Lamm Gottes, das hinwegnimmt die Sünden
der Welt! Du allein bist heilig — du allein
der Herr mit dem heiligen Geiste in der Herrlichkeit des Vaters. Amen.

### Zum Kirchengebete und zur Epistel.

Allmächtiger, ewiger Gott! nimm wohlgefällig das Gebet auf, das der Priester am Altare

verrichtet. Sein Gebet ist auch das meinige. Laß
mir die Gnade zu Theil werden, um welche er bittet;
richte immer mehr meinen Sinn von der Erde hinweg und zu dem Himmlischen hin, wornach deine
Heiligen gestrebt haben. Ich bitte dich darum durch
die Verdienste Jesu Christi, deines Sohnes, der
mit dir in Einigkeit des heiligen Geistes lebt und
regiert, Gott von Ewigkeit zu Ewigkeit. Amen.

Die Stelle, die der Priester aus der heiligen
Schrift liest, erinnert mich an die Worte des weisen Sirach: „Diejenigen, die den Herrn fürchten,
suchen das nur, was ihm gefällig ist; und die ihn
lieben, sind erfüllt mit dem Geiste seines Gesetzes;
die den Herrn fürchten, bereiten ihm ihre Herzen;
sie beobachten seine Gebote und harren in Geduld
aus bis auf sein Gericht." Diese Worte seien die
Richtschnur meines Lebens; in die Tafel meines
Herzens sollen sie eingegraben bleiben. Das Joch
des Herrn ist ja süß, und leicht seine Bürde.
Und wenn auch jezuweilen der Kampf für das
Himmelreich und die Müheseligkeit dieses Erdenlebens meiner Schwachheit schwer werden sollte,
dann weiß ich, daß Die, welche in Thränen aus-
säen, in Freuden ärndten werden. O Gott, steh
meinem Wollen bei mit deiner allesvermögenden
Gnade! Amen.

### Zum Evangelium.

Ich erhebe mich nun, o Herr! und bezeichne
mich wie der Priester mit dem Zeichen des Kreuzes; denn auch ich bin aus der Zahl Derjenigen,
die an dein heiliges Evangelium glauben. Wahrhaftig, dein Wort ist eine Botschaft des Heils und

der Freude! O, was sind wir dir schuldig, gött=
licher Heiland, daß du uns in den Schatten und
der Nacht des Todes ein so strahlendes Licht an=
gezündet hast! Wohin wären wir im Irrthume
und in der Dunkelheit unserer Erkenntniß gera=
then, wenn du, himmlische Sonne, von den Höhen
nicht aufgegangen wärest! Nimm darum den Dank
meines Herzens als einen kleinen Zoll der Er=
kenntlichkeit für deine unschätzbare Erbarmung an,
und verleihe mir nur die Gnade, daß ich auch
immer treu auf dem Wege deiner Lehre und deines
Beispiels wandeln möge. Ich bitte dich aber auch,
laß dein heiliges Evangelium mehr und mehr in
aller Welt verbreitet werden, laß alle Menschen es
erfahren, daß dasselbe allein die Kraft Gottes sei,
selig zu machen Die, welche daran glauben. Amen.

### Zum Credo.

Der Priester betet das Glaubensbekenntniß.
In Demuth und Einfalt spreche ich es demselben
nach. Ich glaube an Einen Gott, Vater, allmäch=
tigen Schöpfer des Himmels und der Erde, aller
sichtbaren und unsichtbaren Dinge, und an Einen
Herrn Jesum Christum, den eingebornen Sohn
Gottes. Er ist vom Vater erzeugt von Ewigkeit;
Gott von Gott; Licht vom Licht; wahrer Gott
vom wahren Gott; erzeuget, nicht erschaffen; Einer
Wesenheit mit dem Vater. Durch ihn ist Alles
gemacht. Er ist uns Menschen zu Liebe und um
unseres Heiles willen herabgestiegen vom Himmel
und hat aus Maria der Jungfrau durch Ueber=
schattung des heiligen Geistes Fleisch angenommen,
und ist Mensch geworden. Auch gekreuzigt ist er

worden für uns, und gelitten hat er unter Pontius Pilatus und ward in's Grab gelegt. Er ist auferstanden von den Todten am dritten Tage, wie es in den heiligen Büchern vorhergesagt war, und aufgefahren zum Himmel. Jetzt sitzt er zur Rechten des Vaters und wiederkommen wird er in seiner Herrlichkeit zu richten die Lebendigen und die Todten. Seines Reiches wird kein Ende sein. Ich glaube auch an den heiligen Geist. Er ist Herr und macht lebendig. Hervorgegangen vom Vater und Sohn ist er, und wird mit dem Vater und Sohne zugleich angebetet und verherrlicht. Er hat geredet durch die Propheten. Ich glaube an Eine heilige katholische und apostolische Kirche. Ich bekenne Eine Taufe zur Nachlassung der Sünden, erwarte die Auferstehung der Todten und ein ewiges künftiges Leben. Amen.

### Zur Opferung.

Heiliger Vater! nimm nun wohlgefällig die reinen Opfergaben an, die ich dir, meinem lebendigen Gott, durch die Hände des Priesters darbringe. Zu deiner Ehre und für meine unzählbaren Sünden, Uebertretungen und Nachlässigkeiten, für alle Anwesenden und für alle gläubigen Christen, lebendige und abgestorbene, werden sie dir dargebracht. O, laß dieselben Werth in deinen Augen finden und sieh mit gnädigem Blicke auf den Altar hernieder!

Aber mit diesem Opfer des Brodes und Weines, die in den Leib und das Blut Jesu deines Sohnes sollen verwandelt werden, opfere ich dir, o himmlischer Vater! mich selbst und Alles, was ich bin und habe. Wie der Priester Wasser mit Wein vermischt, so sei mein Wille mit dem deinigen immer vereinigt. Was du mir schicken wirst, will ich mit kindlichem Vertrauen aus deiner Vaterhand annehmen. In Unschuld will ich stets meine Hände waschen und durch Gottesfurcht und Gerechtigkeit dein Lob und deinen Ruhm verkünden. Mit den Sündern will ich keine Gemeinschaft machen, aber alle wie meine Brüder lieben, und selbst Denen wohl thun, die mir übel wollen, und Diejenigen segnen, die mich verfolgen und verfluchen. Dein Tempel, der Ort, wo deine Gottheit wohnt, sei meine Freude, und Ein Tag in deinen Vorhöfen sei mir lieber als tausend Tage fern von dir. —

Laß, o Gott! das Opfer meines Herzens und das Opfer deiner ganzen Gemeinde dir wohlgefallen. Es gereiche zur Verherrlichung deines gebenedeiten Sohnes, zur Ehre deiner Heiligen, zu unserm Heile und zum Ruhme deiner heiligen Kirche. Amen.

### Zur Präfation.

Nach oben die Herzen gerichtet, und Dank gesagt unserem Gott! — ruft der Priester jetzo der versammelten Gemeinde zu. Ich folge seiner Aufforderung, und stimme ein in seinen Lobgesang. Würdig und gerecht, billig und heilsam ist es, daß wir immer und überall dir danken, o heiligster, allmächtiger Vater, ewiger Gott und Herr! durch Christum unsern Herrn. Durch ihn loben deine Majestät die Engel, beten an die Herrschaften, und beben in heiliger Ehrfurcht die

Mächte. — Durch ihn preisen dich die Himmel
und die Kräfte der Himmel und die Seraphim
und Cherubim in vereinigtem Jubelchore. Laß
uns, wir bitten dich, mit ihren Anbetungen auch
unsere Stimmen vereinigen, indem wir zugleich
mit ihnen ausrufen: Heilig, heilig, heilig ist der
Herr, der Gott der Heerschaaren! Himmel und
Erde sind deiner Herrlichkeit voll! Hosanna in
der Höhe! Hochgelobt sei, der da kommt im
Namen des Herrn! Heil dir in der Höhe!

### Vor der Wandlung.

Und nun bitte ich dich nochmals, gütigster
Vater! mit dem Priester und der ganzen Gemeinde, du wollest gnädig und wohlgefällig das
heilige und unbefleckte Opfer annehmen, welches
wir dir darbringen.

Gedenke deiner heiligen katholischen Kirche;
regiere und erhalte sie auf dem ganzen Erdkreise
in Einigkeit der Liebe und des Friedens; segne
mit der Fülle deines Segens deinen Diener unsern Pabst und den Oberhirten unseres Bisthums
und alle Bekenner des wahren allgemeinen und
apostolischen Glaubens. Gib den Königen und
Fürsten und allen Obrigkeiten Frieden und Ein-
tracht, gib ihnen Weisheit, daß sie die Völker
der Erde nach deinem heiligen Willen leiten,
damit dein Reich auf Erden immer weiter verbreitet werde!

Sei auch eingedenk, o Herr! deines Priesters,
welcher dir am Altare opfert, und aller Anwesenden, deren Glaube und Andacht dir bekannt ist;
insonderheit empfehle ich dir Diejenigen, für

welche ich aus Liebe und Dankbarkeit zu beten
Willens bin —, meine Eltern, Kinder, Gatten,
Wohlthäter, Geschwister, Freunde und Bekannte.

Tröste alle Betrübten und Hilfsbedürftigen,
bekehre die Sünder, stärke die Gerechten, nimm
die Sterbenden in deine Gnade auf! Wende alle
Gefahren des Leibes und der Seele von uns ab!
Ihr Heiligen und Auserwählten Gottes im Himmel, deren Gedächtniß wir auf Erden feiern, vereiniget euere Fürbitten mit unserm Flehen. Durch
Christum unsern Herrn. Amen.

## Zur Wandlung.
### Bei der Aufhebung der heil. Hostie.

Sei gegrüßt, du wahrer Leib, aus Mariens
Schooße geboren, am Kreuze für mich geschlachtet!
O Jesus, sei meine Speise im Leben, mein Antheil im Lande der Lebendigen, meine Wegzehrung im Tode! O Jesus, Sohn Gottes, sei mir
gnädig und barmherzig! O Jesus! dir lebe ich.
O Jesus! dir sterbe ich. O Jesus! dein bin ich
todt und lebendig.

### Bei der Aufhebung des Kelches.

Sei gegrüßt, du heiliges kostbares Blut, aus
Jesu Wunden zur Vergebung meiner Sünden geflossen! O Jesu, dein heiliges Blut wasche mich!
In deine heiligen Wunden verbirg mich! Dort
laß mich ruhen ewiglich!

### Nach der Wandlung.

So liegt denn der sanftmüthige Isaak des
neuen Bundes, das Opfer zur Vergebung der

Sünden, auf dem Altare da. O sieh herab, mildester Vater! auf dieses reine, heilige, unbefleckte Opfer, das heilige Brod des Lebens und den Kelch des immerwährenden Heils. Wie du mit Wohlgefallen die Gaben deines gerechten Dieners Abel und das Opfer Abrahams und Melchisedechs angenommen, so sieh wohlgefällig auf das Opfer deiner Gemeinde! Wir opfern dir ja den Gegenstand deines größten Wohlgefallens, deinen geliebtesten Sohn. O, laß uns durch ihn Erbarmen bei dir finden und tilge durch den Preis seines Opfers unsere Sündenschuld! Mildester Vater! sieh auf die Menschheit deines theueren Sohnes und erbarme dich über die Schwachheit deines gebrechlichen Geschöpfes. Sieh die Strafe des Erlösers und erlaß die Schuld den Erlösten!

Im Geiste der Liebe erinnere ich mich jetzt meiner Brüder und Schwestern, die mir bereits in die Ewigkeit vorangegangen sind, und deren Leiber die Ruhe des Grabes genießen. Ich erinnere mich besonders meiner verstorbenen Eltern und Lehrer, Bekannten und Verwandten, Freunde und Wohlthäter. Sie sind auch die Erlösten deines Sohnes, o Herr! erbarme dich ihrer. Laß sie durch die Verdienste des makellosen Opfers, welches auf dem Altare liegt, rein werden von den Fehlern, die sie bei dem Eintritte in die Ewigkeit noch nicht abgebüßt hatten; führe sie nach deiner weisen Güte an das Ziel ihrer Vollendung und laß sie bald bei dir den Ort der Erquickung, des Lichtes und des Friedens finden. Auch uns Sündern, deinen Dienern, die wir auf die Fülle deiner Erbarmungen ver-

trauen, verleihe gnädig einstens Antheil an der Ge=
sellschaft mit deinen Heiligen und Auserwählten!
Wir verdienen es nicht, aber die Verdienste dei=
nes Sohnes, den wir dir zum Opfer bringen,
flehen um Gnade für uns.

Gestützt auf diese Verdienste und aufblickend
zu deiner Vaterhuld bete ich denn auch, wie dein
göttlicher Sohn selbst uns beten gelehrt hat:

Vater unser, der du bist in dem Himmel,
geheiligt werde dein Name; zu uns komme dein
Reich; dein Wille geschehe wie im Himmel, also
auch auf Erden; unser tägliches Brod gib uns
heute, und vergib uns unsere Schulden, wie
auch wir vergeben unsern Schuldnern, und führe
uns nicht in Versuchung, sondern erlöse uns von
allem Uebel. Amen.

Ja, allmächtiger Gott! erlöse uns von
allen vergangenen, gegenwärtigen und zukünftigen
Uebeln. Erlöse uns durch die Fürbitte deiner
Heiligen und insbesondere durch die Vermittlung
deines gebenedeiten Sohnes, den ich gegenwärtig
auf dem Altare anbete. Amen.

### Zum Agnus Dei und zur Communion.

O du Lamm Gottes, welches hinwegnimmt
die Sünden der Welt, erbarme dich unser!

O du Lamm Gottes, welches hinwegnimmt
die Sünden der Welt, erbarme dich unser!

O du Lamm Gottes, welches hinwegnimmt
die Sünden der Welt, schenke uns den Frieden!

Wie muß es deinen lieben Jüngern zu Muthe
gewesen sein, o mein Jesus! als sie in Unruhe
und Bekümmerniß auf einmal die tröstlichen Worte

aus deinem Munde hörten: Der Friede sei mit euch. Laß denn auch mich in diesem Augenblicke den Seelentrost aus deinem Geheimnisse vernehmen: Der Friede sei mit dir! Kein Friede, keine Ruhe ist ja für eine Seele hiernieden, außer nur durch dich — durch die Vereinigung mit dir. O wie gerne wollte ich, o mein Jesus! ganz Eins in dieser Stunde mit dir werden, aber meine Sündhaftigkeit hält mich von dem Genusse deines allerheiligsten Leibes zurück. Ich kann nur ferne von deinem glorreichen Tische bleiben und mit zerknirschtem Herzen an meine Brust schlagen und sprechen:

O Herr! ich bin nicht würdig, daß du unter mein Dach eingehest, aber sprich nur ein Wort, so wird meine Seele gesund. (Dreimal.)

Ja, nur ein Wort sprich, o Heiland! und meine kranke Seele ist gesund. Wenn der Anblick der ehernen Schlange in der Wüste schon solche Kraft hatte, daß Alle, die von Schlangenbissen verwundet waren, geheilt wurden, sollte nicht der Glaube, mit dem ich dich hier anbete, noch mächtiger sein, um meine kranke Seele zu heilen? Wenn der Schatten deines Apostels Petrus leibliche Krankheiten verscheuchen konnte, welche Krankheit der Seele müßte nicht weit mehr vor dem Glanze deiner gegenwärtigen Majestät weichen? — Herr! sprich darum nur ein Wort, und meine Seele ist gesund. Sie schmachtet ja nach dir, wie der Hirsch nach Wasserquellen sich sehnet. Komm denn, o mein Herr und Gott! komm mit deiner Gnade und Liebe in mein Herz, komm zu mir reumüthigen und bußfertigen Sünder. Milder Heiland! komm und nimm mich, wie der von Mitleid gerührte

Vater den verlornen Sohn, in deine Arme auf.
Sei mir der barmherzige Samariter! Gieß den
stärkenden Wein deiner Gnade und das heilende
Oel deiner allerbarmenden Liebe in mein durch die
Sünde verwundetes Herz; sprich aus das Wort
des Lebens: Der Friede sei mit dir! — O göttlicher
Friedensfürst! warum habe ich dich nicht immer
so geliebt, wie ich dich lieben sollte? Warum habe
ich so oft durch die Sünde dich betrübt? — Von
nun an aber will ich dich lieben von ganzer Seele
und von ganzem Gemüthe. Was ich bin und was
ich habe, lege ich dir zum Fuße deines Kreuzes
nieder. Dein Eigenthum will ich sein und bleiben
in der Zeit und Ewigkeit. Amen.

### Zum letzten Kirchengebete.

Und nun danke ich dir, allmächtiger gütiger
Gott! für die Gnaden, die du mir durch die Bei=
wohnung dieses heiligen Opfers verliehen hast.
Laß dieselben durch die Fürbitte deiner Heiligen
für mich nicht verloren gehen, der du lebest und
regierest mit dem Sohne und dem heiligen Geiste
von Ewigkeit zu Ewigkeit. Amen.

### Zu dem Segen des Priesters.

Der Priester segnet mich. Laß, o Gott! sei=
nen Segenswunsch keinen vergeblichen Wunsch
sein. Segne mich — meine Vorsätze — meine
Arbeit und mein Brod. Segne mich und die
Meinigen und alle deine Kinder, o Vater! und
laß deinen Segen nicht mehr von uns weichen.
— Nimm aber auch wohlgefällig meine Andacht
und das Opfer auf, das ich dir mit dem Priester

zu deiner Ehre und zum Heile meiner Seele ent-
richtet habe. Ich gehe nun getröstet, gestärkt
und vertrauensvoll. Mein heutiger Tag soll ein
steter Gottesdienst bleiben. Im Andenken an dich
und in deiner Furcht will ich leben, bis ich wieder die Gnade haben werde, vor deinem Altare
zu erscheinen. Amen.

## Gesänge bei der heiligen Messe.

### I. *)

#### Zum Eingang.

1. Hier liegt vor deiner Majestät
    Im Staub die Christenschaar,
    Das Herz zu dir, o Gott! erhöht,
    Die Augen zum Altar.
    Schenk' uns, o Vater! deine Huld,
    Vergib uns unsre Sündenschuld.
    O Gott! von deinem Angesicht
    Verstoß uns arme Sünder nicht!
       Verstoß uns nicht!
    Verstoß uns Sünder nicht!

#### Zum Gloria.

2. Gott soll gepriesen werden,
    Sein Nam' gebenedeit
    Im Himmel und auf Erden,
    Jetzt und in Ewigkeit!
    Lob, Ruhm und Dank und Ehre
    Sei der Dreieinigkeit!

*) Eigene Melodie.

Die ganze Welt vermehre,
Gott! deine Herrlichkeit.

### Zum Credo.

3. Allmächtiger! vor dir im Staube
   Bekennt dich deine Creatur.
   O Gott und Vater! ja, ich glaube
   An dich, den Schöpfer der Natur;
   Auch an den Sohn, der, ausgegangen
   Von dir, geboren ewig war,
   Und den, vom heil'gen Geist empfangen,
   Die reinste Jungfrau uns gebar.

### Zur Aufopferung.

4. Nimm an, o Herr! die Gaben
   Aus deines Priesters Hand.
   Wir, die gesündigt haben,
   Weih'n dir dieß Liebespfand.
   Für Sünder hier auf Erden
   In Aengsten, Kreuz und Noth
   Soll dieß ein Opfer werden
   Von Wein und reinem Brod.

### Zum Sanctus.

5. Singt: Heilig, heilig, heilig
   Ist unser Herr und Gott!
   Singt mit den Engeln: Heilig
   Bist du, Gott Sabaoth!
   Im Himmel und auf Erden
   Soll deine Herrlichkeit
   Gelobt, gepriesen werden
   Jetzt und in Ewigkeit.

### Nach der Wandlung.

6. Sieh, Vater! von dem höchsten Throne,
   Sieh gnädig her auf den Altar!
   Wir bringen dir in deinem Sohne
   Ein wohlgefällig Opfer dar.
   Wir fleh'n durch ihn, wir, deine Kinder,
   Und stellen dir sein Leiden vor;
   Er starb aus Liebe für uns Sünder
   Und öffnete des Himmels Thor.

### Zum Agnus Dei.

7. Betrachtet ihn mit Schmerzen,
   Wie er sein Blut vergießt!
   Seht, wie aus Jesu Herzen
   Der letzte Tropfen fließt!
   Er nimmt hinweg die Sünden,
   Er trägt all unsre Schuld;
   Bei Gott läßt er uns finden
   Den Frieden, seine Huld.

### Zur Communion.

8. Nicht würdig bin ich Armer,
   Zu deinem Tisch zu geh'n;
   Mach' würdig mich, Erbarmer!
   Erhör' ein kindlich Fleh'n.
   O, stille mein Verlangen,
   Du Seelenbräutigam,
   Im Geiste zu empfangen
   Dich, wahres Gotteslamm!

# II. *)

## Zum Eingang.

1. Mit lauter Stimme laßt uns Gott
   In seinem Tempel preisen,
   Für seine Lieb' und Vaterhuld
   Ihm Lob und Dank erweisen!
   Ihm laßt uns singen,
   Das Opfer bringen,
   Das Jesus einst am Kreuz vollbracht.

## Zum Gloria.

2. Wir beten, großer Gott! dich an,
   Wir falten unsre Hände,
   Wir preisen deine Huld und Macht
   Und loben dich ohn' Ende.
   Woll'st niedersehen
   Von deinen Höhen
   Auf uns, die gläubig zu dir fleh'n.

## Zum Credo.

3. Der du von deines Vaters Thron
   Zu uns herabgekommen
   Und unsrer Sünden schwere Last
   Zur Sühn' auf dich genommen,
   Der du dein Leben
   Für uns gegeben,
   An Dich, o Jesu! glauben wir.

## Zur Aufopferung.

4. Nimm unser Herz zum Opfer an,
   Verschmäh' nicht unsre Gaben;

---

*) Mel. Erbarme dich 2c. oder: Mit Tagesanbruch 2c.

2 *

Wir sind, o Herr! dein Eigenthum;
Nimm Alles, was wir haben!
Aus heißem Triebe
Hat deine Liebe
Sich selbst auch für uns dargebracht.

### Zum Sanctus.

5. Ihr Engel, die ihr um den Thron
Des Allerhöchsten schwebet;
Was in der weiten Schöpfung rings
Sich regt und fühlt und lebet:
O, fallet nieder,
Singt Jubellieder,
Ruft: Gott sei stets gebenedeit!

### Nach der Wandlung.*)

6. :,: Heilig, heilig, heilig :,:
:,: Preiset, Lippen, ohne End'
Jesus hier im Sacrament! :,:
:,: Heilig, heilig, heilig :,:
:,: Ist das Lamm auf dem Altar,
Das für uns geschlachtet war. :,:

### Zum Agnus Dei. **)

7. Laß uns Gnad' und Friede finden,
Der du trugst der Menschen Sünden,
Jesus, heilig' Gotteslamm!
Denk' der Lieb', aus der du starbest
Und Verzeihung uns erwarbest
An dem blut'gen Kreuzesstamm!

---

*) Eigene Melodie.
**) Melodie: Auf, mein' Seel', fang an zu loben!

8. Nicht verdien' ich, mit den Frommen,
   Herr! zu deinem Tisch zu kommen;
       Nein, dein Gast darf ich nicht sein.
   Sprich ein Wort, und alle Wunden
   Meiner Seele sind verschwunden;
       Heile sie und mache rein!

## III. *)

### Zum Eingang.

1. Wir werfen uns darnieder
       Vor dir, Gott Zebaoth!
   Und singen Dankeslieder
       Und feiern Jesu Tod.
   Er starb für unsre Sünden,
       Dein menschgeword'ner Sohn:
   O, laß uns Gnade finden
       Durch ihn vor deinem Thron!

### Zum Gloria.

2. Gott in der Höhe Ehre,
       Fried' auf dem Erdenrund!
   Auf alle Zeiten währe
       Das Lob aus unserm Mund!
   Dich preisen unsre Herzen,
       O Jesu, Gotteslamm!
   Das für uns trug die Schmerzen
       Am harten Kreuzesstamm.

### Zum Credo.

3. Was du, o Herr! verkündet,
       Dein Wort bleibt ewig steh'n;

*) Eigene Melodie.

Wenn auch die Welt verschwindet,
　Es wird nicht untergeh'n.
Drück' es mit deiner Gnade
　Tief unsern Herzen ein:
Es wird auf sicherm Pfade
　Zum Himmel Führer sein.

#### Zur Aufopferung.

4. Was sollen wir für Gaben
　Dir, Herr! zum Opfer weih'n?
Ist, was wir sind und haben,
　Nicht Alles — Alles dein?
Ein Herz, dir ganz ergeben,
　Von schnöden Freuden rein,
Ein tugendhaftes Leben
　Soll unser Opfer sein.

#### Zum Sanctus.

5. O, laßt das Herz sich schwingen
　Zu Gottes Thron empor
Und dreimal Heilig singen
　Froh mit der Engel Chor!
Der Himmel und die Erde
　Sind voll von Gottes Ruhm;
Und alle Welt noch werde
　Vereint im Christenthum!

#### Nach der Wandlung.

6. Ich liege auf den Knieen,
　Verborgner Gott! vor dir;
Ich fühl' ein mächtig Ziehen:
　Mein Jesus zeigt sich mir.
Wasch' mich von meinen Sünden,
　O Jesu! durch dein Blut,

Und laß mich Gnade finden,
Du allerhöchstes Gut!

### Zum Agnus Dei.

7. Verdeckt und voll der Hulden
Ist hier das Gotteslamm,
Das aller Menschen Schulden
Getilgt am Kreuzesstamm.
Es ist der Seelen Speise,
Wie uns der Glaube lehrt:
Sie nährt uns auf der Reise
Und bleibt doch unverzehrt.

### Zur Communion.

8. Entzünd' in uns Verlangen
Nach diesem Sacrament!
Herr! laß es uns empfangen
Vor unsers Lebens End'!
Laß uns in Frieden fahren,
Von allen Sünden rein,
Zu deinen Engelschaaren
Und ewig bei dir sein!

---

# Abendgebet.

O Gott! mit deiner Gnade habe ich auch
diesen Abend wieder erlebt. Nimm gnädig mei=
nen Dank an. Ich danke dir in dieser Abend=
stunde für den Tag, den du mir zur Arbeit, für
die Nacht, die du mir zur Ruhe geschaffen hast.
Ich danke dir, daß du mein Leben erhalten,

mein Herz geleitet, meinen Leib ersättiget, meine
Gesundheit bewahret und mich auch jetzt wieder
gesund in Frieden und Ruhe zu Bette gehen
lässest. — Sei gelobt und gepriesen für dieses
und alles Andere, was du heute bei mir, bei
den Meinigen und allen Menschen Böses ver=
hütet und Gutes befördert hast. Sei gepriesen
ewiglich! Laß mich alle Wohlthaten erkennen,
die ich den heutigen Tag über genoß, und alle
meine Sünden bereuen, die ich den Tag über
beging. Gott, sei mir armen Sünder gnädig!
Verzeih mir um Christi willen Alles, was ich
heute etwa wissentlich oder unwissentlich, heim=
lich oder öffentlich Gutes unterlassen oder Böses
gedacht, gewollt, geredet und gethan habe gegen
dich, o Herr! gegen meinen Nächsten, gegen mich
selbst. — Wende auch diese Nacht von mir alle
Werke der Finsterniß ab, laß mich weder schla=
fend noch wachend Etwas vornehmen, was nicht
recht wäre. Behüte mich vor allem Uebel! Be=
hüte mich vor allen Blendungen des Bösen, vor
unruhigem Wachen, kummervollen Gedanken,
unnöthigen Sorgen, furchtsamen Einbildungen,
vor bösen Träumen, schädlichen Krankheiten, ge=
fährlichen Ereignissen und vor einem schnellen,
unseligen Tode. — Herr! laß mich, meinen
Leib, meine Seele, Alles, was ich bin und habe,
deiner Güte empfohlen sein; denn dir lebe ich,
dir sterbe ich, dein bin ich todt und lebendig.
Herr! wenn's dir gefällt und mir gut ist, so laß
mich diese Nacht nicht sterben, sondern gib, daß
ich morgen mit frohem Gemüthe, gesundem Leibe,
mit neuen Kräften, heiligen Gedanken mein Lager

verlasse, mein Morgengebet verrichte und dann
dir zur Ehre, den Meinigen zum Troste, allen
Menschen zum Nutzen noch eine Weile leben
möge. Es geschehe mir nach deiner Güte! Da
aber mein Leben doch einmal und vielleicht bald
enden wird, so laß mich an meinen Tod gedenken,
jetzt, da ich schlafen gehe; meines Grabes mich
erinnern, jetzt, da ich mich niederlege. Laß mich
stets auf die ungewisse Todesstunde bereit sein!
Und sollte diese Nacht meine letzte sein, so sei
mir gnädig! Nimm mich auf zu dir und dei=
nen Auserwählten!

Herr! du schläfst und schlummerst nicht! Sorge
in finsterer Nacht auch für die lieben Meinigen,
für unsere Oberen und alle Menschen. Erhöre
mein Gebet! Dein Auge wache über sie, deine
Hand schütze sie, dein Engel beschirme sie! Er=
höre aller frommen Christen Abendgebet. Schone
der Sünder, erquicke die Müden, wache selbst
bei den Kranken, steh bei mit deinem Troste allen
Nothleidenden, die heute eine elende Nacht haben
werden. Endlich behüte, o Herr! in dieser Nacht
unsere ganze Gemeinde vor Lärm und Aufruhr,
vor Noth und Gewalt, vor Verführung der
Unschuld, vor Diebstahl und Einbruch, vor
Mord und Todtschlag, vor Feuer und Wasser=
noth, vor allem Schaden und Unglück. Be=
wahre Jedem das Seine in Ruhe und Frieden,
erhalte uns Alle in deiner Hut und Gnade, bis
wir endlich aus der Finsterniß in's Licht, aus
dem Leide in die Freude, aus der Welt in den
Himmel kommen. Gib auch allen Abgeschiedenen
die ewige Ruhe! Amen.             (Augsb. A. B.)

# Beicht= und Communiongebete.

## Vor der Beicht.

(Nach erforschtem Gewissen bete:)

O Gott der Güte und der Erbarmungen, der du den Sündern mit so zärtlicher Vaterliebe begegnest, sieh mich hier zu deinen Füßen und erbarme dich meiner! Ich bin ein verlorner Sohn. Grausam habe ich an deinem Vater= herzen gehandelt. Nach deinem Bilde hast du mich erschaffen, das Blut deines Sohnes hast du für mich geopfert, mit den Gnaden deines heiligen Geistes hast du mich so reichlich beschenkt und hast mir Alles gegeben, was ich bedurfte; und ich war so undankbar und habe alle diese Vorzüge und Wohlthaten mißbraucht und ver= schwendet. Thorheiten, Schwachheiten, Verschul= dungen und Fehltritte aller Art belasten meine Seele. Ich hänge so sehr an der Welt und ihrer Eitelkeit und trachte so wenig nach Dem, was mir das Eine Nothwendige sein sollte. Ich thue täglich, was ich nicht thun soll, und unterlasse, was meine Pflicht ist. Ich rede so viel Unnützes, Liebloses und Sündhaftes, wie nie über den Mund eines Christen kommen sollte. Ich ver= weile oft mit meinen Gedanken bei Dingen, bei denen ich keinen Augenblick verweilen, und ver= gesse darüber Das, was mir unvergeßlich sein sollte — dich, meinen Herrn und meinen Gott.

Ich bin ein Sünder, ach! ein großer Sünder
— und doch denke ich so selten ernsthaft genug
an meine Verschuldungen. Mein Stolz, meine
Verblendung, meine Flatterhaftigkeit ziehen mich
von jeder ernsten Betrachtung meines Elendes
ab, und wenn auch zuweilen ein stiller Vorsatz
zur Besserung in mir rege wurde, so ging dieser
bald wieder in mancherlei Zerstreuungen verloren.
Dachte ich daran, der Welt und ihren Gelüsten
Abschied zu geben, so unterlag der Wille bald
wieder den geringsten Reizen. — Und bei allem
diesem Wankelmuthe und Undank von meiner
Seite währte, o Gott! deine Erbarmung fort.
Aber wie lange wird noch deine Geduld mit
mir dauern? wie lange — deine Langmuth? —
O, ich will nicht länger mehr zögern, nicht durch
meinen Leichtsinn der größten Gefahr mich aus-
setzen und bis zu der Nacht unbekehrt bleiben,
in der ich Nichts mehr wirken kann. Ich will
mich aufmachen — in diesem Augenblicke noch,
und zu meinem Vater heimkehren und sagen:
Vater! ich habe gesündigt vor dem Himmel und
vor dir, ich bin es nicht werth, dein Kind zu
heißen.

.Ja, mein Gott und Vater! gesündigt habe
ich vor dir, und bin es nicht werth, dein Kind
genannt zu werden; ich habe dich nicht geehrt
wie meinen Vater, habe dir nicht gedient wie
meinem Herrn. Dennoch seufze ich: nimm als
einen deiner Knechte mich auf, und handle mit
mir wie mit einem deiner Taglöhner. Sieh
die Bitterkeit und den Schmerz meiner Seele —
sieh die Noth, in welche ich gerathen bin! Er-

barme dich meiner, o Gott der Güte und Barm=
herzigkeit! Nimm mich wieder in dein väter=
liches Haus auf! Gib mir den Kuß des Friedens!
Sieh, fest steht mein Entschluß, dich nie mehr
zu verlassen. Mit unwandelbarer Treue will ich
dir dienen, so lange ich noch in diesem Leben
athme, und alle Vergehungen durch wahre Buße
sühnen.

Nur dich allein sucht jetzt mein Herz. Alles,
was du nicht bist, Vater! will ich nicht anders
als nach deinem Willen lieben. Stärke mich,
Vater, in diesen heiligen Entschließungen, und
gib, daß Nichts mehr — nicht meine Gebrech=
lichkeit, nicht das böse Beispiel der Welt, weder
die Reize noch die Trübsale der Erde, weder
Leben noch Tod mich von deiner Liebe scheiden
mögen! Mein einziges Verlangen, meine Freude,
mein Trost sei nur mehr dein heiliger Wille —
dein heiliges Gesetz!

Und nun wende ich mich zu dir, o mein
Heiland, Jesus Christus, du Zuflucht der Sün=
der, du Arzt der Seelen! und flehe um Gnade
und Vergebung.

Sieh! ich komme; durch meine Sünden so
tief gesunken — komme ich zu dir; Nichts kann
ich deinen heiligen Augen vorweisen, als meine
Sündenbürde. Heiland! Sündenvergeber! ich
falle zu deinen Füßen hin und flehe deine Vater=
liebe um Erbarmung an; rette mich, o mein
Erlöser! — um deines Namens willen rette mich!
Ich glaube fest, kein Verbrechen sei so groß und
ungeheuer, daß es durch die Verdienste deiner

heiligsten Menschwerdung, deines Lebens, Leidens und Sterbens nicht getilgt werden könnte.

Oder zu wem sollte ich fliehen in meinem
Elende, als zu dir, du Freund der Sünder!
Wenn du dein Angesicht von mir wendest, wer
wird mich aufnehmen — wer sich meiner erbarmen? Hast du dich ja auch des chananäischen
Weibes und der Magdalena erbarmt; hast du ja
auch dem Schächer am Kreuze mit sterbendem
Munde noch verziehen: du wirst auch mich nicht
von dir stoßen. Du bist meine Hoffnung und
mein Trost, meine Beruhigung und Zuversicht.
So nimm denn mit den Armen deiner Gnade
den unwürdigen, reumüthigen Büßer wieder auf!
Ich bin unrein, o Herr! reinige mich; ich bin
blind, mache mich sehend; ich bin krank, heile
mich; ich bin todt in meinen Sünden, erwecke
und rette mich vom Tode! O Heiland der Welt,
dem es eigen ist, zu schonen und sich zu erbarmen,
sprich zu meiner Seele: „Ich bin dein Heil,
ich will nicht den Tod des Sünders,
sondern daß er sich bekehre und lebe!“
Laß mich hören aus dem Munde des Priesters,
deines Stellvertreters, dem ich in Aufrichtigkeit
meine Sünden nun bekennen werde, die beruhi-
gende Versicherung: „Sei getrost, deine
Sünden sind dir vergeben!“ Amen.

### Nach der Beicht.

Lobe den Herrn, meine Seele, und was in
mir ist, lobe seinen heiligen Namen! Lobe den
Herrn und vergiß nicht, was er dir Gutes gethan hat! Alle deine Missethaten hat er dir

verziehen, alle deine Wunden geheilt und vom
Tode dich errettet. Neugeschaffen fühlest du dich,
und verjüngt, wie der Adler.

O Herr, wie bist du voll der Güte und Erbarmung! Du bist fürwahr der mitleidsvolle
Vater, der sein verlornes Kind mit Freuden
wieder aufnimmt, wenn es in sich geht und mit
Reue über seine Verirrungen zu dir zurückkehrt
und um Vergebung bittet. Dieß habe ich zu
meinem Troste erfahren. Ich hatte mit meinen
Gedanken, Begierden, Worten, Werken und
Unterlassungen unzählbare Sünden wider dich
begangen. Ich kam zu dir im festen Vertrauen
zu deiner unendlichen Barmherzigkeit, bekannte
reumüthig meine Sünden und Missethaten vor
dem Priester und du gabst mir die tröstende
Versicherung: Fürchte dich nicht, dir sind deine
Sünden vergeben! Sei getrost, du sollst nicht
sterben, sondern leben.

Gott Vater! Anbetung, Lob und Ehre sei
dir, daß du mir nach deiner unendlichen Barm-
herzigkeit all meine Sünden nachlässest und in
Jesu Christo Frieden mit dir schenkest. Herr Jesu
Christe, mein Heiland und Fürbitter beim Vater!
Anbetung, Lob und Ehre sei dir, daß du die
Versöhnung für meine Sünden geworden bist.
Ewiger, heiliger, göttlicher Geist! Anbetung,
Lob und Ehre sei dir, daß du jetzt meiner Seele
das Zeugniß gibst, daß ich ein Kind Gottes sei.
Nun habe ich Frieden im Gewissen. Nun habe
ich Freudigkeit zu Gott; ich rufe mit kindlicher
Zuversicht zu ihm: Abba, das ist: Lieber Vater!
O wie freut sich mein Herz über diese unaus-

sprechliche Wohlthat! Laß mich nur diese Gnade
nie wieder durch vorsätzliche Sünden verlieren,
sondern durch einen beständigen Vorsatz in deiner
Gnade bis an mein Ende verharren! Amen.

### Vor der heiligen Communion.

Mein Herr und mein Gott! es ist ein großes,
ernstes Geschäft, welches ich jetzt unternehme:
dem Könige der Könige, dem ewigen, allmäch=
tigen Gott will ich eine Wohnung in meinem
Herzen bereiten.... Herr, mache mich würdig
dieser unendlich erhabenen Feier!!

Fest glaube und bekenne ich, daß du, o Jesus!
wirklich und wahrhaftig in dem allerheiligsten
Altarssacramente gegenwärtig bist. Nichts kann
mich an deiner Versicherung irre machen: „Mein
Fleisch ist wahrhaft eine Speise, und
mein Blut wahrhaft ein Trank. Wer
von diesem Brode ißt, der wird nicht
sterben. Dieses Brod ist mein Leib."
Ich glaube so unerschütterlich an die Wahrheit
deines Wortes, als wenn ich mit leiblichen Augen
das verhüllte Wunder schauen könnte, und diesem
Glauben werde ich treu bleiben bis zum Tode.

Ich bete dich darum auch, wahrhaftig gegen=
wärtiger Gott! im tiefsten Gefühle meiner Nie=
drigkeit, auf meinen Knieen im Staube liegend,
an als meinen Schöpfer, meinen Erhalter und
Regierer, als meinen Richter; und nur der Ge=
danke, daß du hier als die Quelle meines Heils
verborgen bist, läßt es mich wagen, hoffend den
Blick zu dir emporzuheben. Ja, Herr! ich hoffe
es mit kindlichem Vertrauen, daß du erbarmungs=

voll gegen Alle bist, die dich anrufen; — ich
hoffe es, daß ich in dir mein Heil, mein Licht,
mein Leben finden werde. Wohl kann ich kein
Verdienst von mir aufzeigen; aber mich ermu-
thigt die freundliche Stimme, die aus den Brods-
gestalten ruft: „Kommet zu mir Alle, die ihr
mühselig und beladen seid, ich will euch erquicken.“
— Herr! du wirst meine Hoffnung nicht zu
Schanden werden lassen.

Weiß ich ja auch, daß nur deine gränzenlose
Liebe zu uns dich bewogen hat, unter den Brods-
gestalten dich zu verbergen. Du warst aus Liebe
von deinem schönen Himmel in dieses Thal des
Elendes und der Thränen heruntergestiegen, lagst
aus Liebe als ein weinendes Kind in der Krippe,
lebtest aus Liebe in Armuth und Dürftigkeit,
ertrugest aus Liebe Schmach, Verfolgung und
den Tod des Kreuzes: aber das schönste Denkmal
deiner Liebe hast du uns in diesem Gnadenbrode
hinterlassen. Um uns auf unserer mühseligen
und schweren Pilgerreise zu stärken und zu erquicken, hast du am letzten Abende deines Lebens
noch dieses Wundermahl gestiftet. — O Liebe!
du rufst laut aus diesem Geheimnisse: Es ist
meine Wonne, bei den Menschenkindern zu weilen.

Aber, was ist der Mensch, o mein Gott!
daß du so sehr dich seiner annimmst und in
dieser Engelspeise dich so wunderbar mit ihm
vereinigest? Wie kommt es doch, daß du heute
auch mich heimsuchen und Wohnung bei mir
nehmen willst? Ich — Staub und Asche, du
— die höchste Heiligkeit und Majestät! Ich bin
ein Wurm, ein Sünder — und ich wage es,

deinem Tische mich zu nahen und mit deinem Fleische und Blute mich speisen zu lassen? Wenn ich auch die Reinigkeit der Engel hätte, wäre ich doch unwürdig einer so großen Gnade. Und ich Unwürdiger, voll Sünden und Unvollkommenheiten, ich dürfte es wagen, an deinem Tische — ach! vielleicht sogar ohne hochzeitliches Gewand — zu erscheinen. O Herr, auf dessen unendliche Barmherzigkeit ich mein höchstes, mein einziges Vertrauen setze, reinige, heilige mich, — sprich nur ein Wort, so wird meine Seele gesund!

Heilige Stunde, in der ich meinen Jesus genieße! — Heiliges, herzstärkendes Brod, wer dich genießet, hat das ewige Leben! — O Herr! labe meine hungernde Seele, stille ihr heißes Verlangen nach dir! Komm, o Jesus, und bring mit dir deine Segnungen alle!!

### Nach der heil. Communion.

Jesus Christus, mein Herr und mein Gott, angebetet, gelobt und gepriesen in Ewigkeit! — Du hast jetzt die Sehnsucht meines Herzens gestillt, das Verlangen meiner Seele erfüllt! — Du bist bei mir! — Nicht ich lebe, sondern du, o Heiland meiner Seele! lebst in mir. — O mich unaussprechlich Glücklichen! welch einen mächtigen Herrn, welch einen geliebten Gast, welch treuen Freund habe ich in mein Herz aufgenommen! — Der Allmächtige wohnt in meinem Herzen!

Womit kann ich dir, o Herr, das vergelten, was du an mir gethan hast! Da ich noch nicht war, zogſt du mich aus dem Nichts hervor; da ich durch die Sünde dein Feind geworden war, nahmſt du mich zu Gnaden auf, erbarmteſt dich meiner Armuth und ludeſt mich zu einem Mahle ein, wo die hungernde Seele mit dem Brode der Engel, mit deinem allerheiligſten Fleiſche und Blute genährt wird zum ewigen Leben. O Wunder der Liebe! Und ich ſollte dich nicht entgegenlieben, o liebreichſter Jeſu? O, möchte ich dich ſo feurig lieben, wie deine Heiligen dich lieben, und aller jener himmliſchen Güter theilhaftig werden, die du Denen verheißen haſt, die dich würdig empfangen! Möchte ich mit dir ſo Eins ſein, wie du mit dem Vater Eins biſt, und ſo innig mit dir verbunden ſein, wie der Rebzweig mit dem Weinſtocke verbunden iſt! Möchte mich Nichts mehr von deiner Liebe trennen! — Das flehe, das hoffe ich kindlich von dir, o mein Heiland! denn ich weiß, mit welchen reichlichen Segnungen du diejenigen beglückt haſt, in deren Wohnungen du während deines Erdenlebens Einkehr nahmſt: und du biſt heute wie geſtern und in Ewigkeit derſelbe Heiland.

Erfülle mich alſo, o mein Herr! mit deinem Geiſte und ſegne die Wohnung, in die du eingegangen biſt! Deine Gnade ſei mit mir und bleibe bei mir bis an's Ende! — Vermehre in mir Glaube, Hoffnung, Liebe, und laß mich fruchtbar werden an guten Werken! — Heilige, ſtärke, beſchütze mich! — Sei mein Führer im Leben, in Zweifeln mein Lehrer, im Leiden mein Troſt, in Gefahr meine Hilfe, mein Heil im Sterben! — Bewahre mich, daß ich weder die

Welt, noch was in der Welt ist, liebe, damit ich nicht in meine alten Gewohnheitssünden zurückfalle! — Bewahre mich vor Verführern, damit ich dir mit keuschem Leibe, mit reiner Seele diene und als dein gehorsames Kind auf dem Wege deiner Gebote wandeln möge alle Tage meines Lebens!

Allwissender! du erforschest mich und siehst in mein Herz; du weißt alle Dinge, du weißt auch, daß ich dich liebe, — daß ich dein sein und dein bleiben möchte in Ewigkeit! — Zieh mich an dich durch die Kraft deiner Gnade und rufe im Tode mich zu dir, damit mein Auge, dem du jetzt unter den Gestalten des Brodes verhüllt bist, dich von Angesicht zu Angesicht sehen, und ich mit allen Heiligen dich loben möge von Ewigkeit zu Ewigkeit! Amen.

## Lieder vor der Predigt.

### I. *)

1. Der du dein Wort mir hast gegeben,
   Wie danke, lieber Gott, ich dir!
   Wie soll ich dich genug erheben?
   Durch Christus schenkst du Weisheit mir,
   Hätt' ich die Lehre Jesu nicht,
   Wo fände ich noch Trost und Licht?

2. Auf ungewissem, dunkelm Pfade
   Würd' ich des Irrthums Beute sein,

---

*) Mel.: Wer nur den lieben Gott 2c.

Und unbekannt mit deiner Gnade
    Verschmachten in der Sünde Pein;
Ich fände keinen Trost in Noth,
Und schrecklich wäre mir der Tod.

3. Doch allen grausen Finsternissen
    Des Irrthums und der Sünde Macht
Hat Jesu Lehre mich entrissen:
    Ihr Licht zerstreut des Zweifels Nacht,
Und lehrt mich, was Gott für mich that,
Und führt mich auf des Heiles Pfad.


## II. *)

1. Gelobet seist du, Gott, für deines Sohnes
    Lehren!
Gib, daß wir immer sie mit Heilsbegierde hören!
O, mache unser Herz von Weltgedanken frei,
Hilf, daß kein einzig Wort für uns verloren sei.

2. Dem Worte Gottes kann kein Schatz der Erde
    gleichen,
Den Aermsten dieser Welt macht es zum
    größten Reichen;
Wer es mit Treu' bewahrt in seines Herzens
    Schooß,
Dem ist das Leben schön, der Tod ein süßes
    Loos.

3. O Herr! bewahre uns vor allen falschen Lehren
Und gib, daß wir dein Wort unwandelbar
    verehren;

---

*) Mel.: Mein Gott, verzeihe mir 2c.

Verleih' uns deinen Geist, der Freud und
Kraft gewährt,
Damit wir auch stets thun, wie uns der
Glaube lehrt.

## III.*)

1. Herr, mein Gott, mein Heil und Leben!
Deine Liebe hat gegeben
Mir dein heilig' Glaubenslicht,
Daß ich irre ewig nicht.
Was, o Gott! dein Sohn gelehret,
Und die Kirche mir erkläret,
Glaube und bekenne ich
Dankgerührt und feierlich.

2. Unerschüttert steht mein Glaube
Bis ich werde einst zu Staube;
Durch das Leben bis zum Grab
Ist der Glaub' ein fester Stab.
Wird die Welt auch untergehen,
Ewig wahr wird fortbestehen,
Unzerstöret, unversehrt,
Was, Herr! deine Kirche lehrt.

## IV.**)

1. O sende, Gott, uns deinen Geist
In dieser Predigtstunde!
Er ist es, der uns unterweist
Aus deines Dieners Munde.

---

*) Mel.: Mutter Christi, hoch erhoben ꝛc.
**) Mel.: Ich glaube, Gott, mit Zuversicht ꝛc.

Er, der der Herzen Lenker ist,
  Soll unser Herz erheben.
In festem Glauben stirbt der Christ,
  In diesem muß er leben.

2. Wir wollen dich, o Heil und Licht!
    Von Herzen ewig lieben
  Und still und freudig unsre Pflicht
    Nach deinem Worte üben.
  Du, der du selbst die Allmacht bist,
    Kannst das Vollbringen geben.
  In treuer Liebe stirbt der Christ,
    In dieser muß er leben.

3. Nicht um ein flüchtig' Gut der Zeit
    Steigt zu dir unser Flehen;
  Hilf, daß den Weg zur Seligkeit
    Mit Heilsbegier wir gehen!
  Die Weisheit, die vom Himmel fließt,
    Die Liebe wollst uns geben.
  In diesem Flehen stirbt der Christ,
    In diesem muß er leben.

---

# Lied zur Christenlehre.

Geist Gottes! komm von deinen Höhen,
Einstimmig ruft dich unser Flehen,
  Komm, segne diese Gnadenzeit!
Komm, Geist der Wahrheit, Geist der Liebe,
Erschaffer aller guten Triebe,
  Mach' unser Herz für dich bereit!

# Andacht zum hochwürdigsten Gute.

## Gebete.

### Litanei.

Herr, erbarme dich unser! Christe, erbarme dich unser! Herr, erbarme dich unser!

Christe, höre uns! Christe, erhöre uns!

Gott, himmlischer Vater,

Gott Sohn, Erlöser der Welt,

Gott, heiliger Geist,

Heilige Dreifaltigkeit, ein einiger Gott,

Jesu, du lebendiges Brod, welches vom Himmel gekommen ist,

Jesu, du Brod der Engel,

Jesu, unsichtbarer Weise in dem Altarsgeheimnisse gegenwärtig,

Jesu, unsere Stärke und Leben,

Jesu, du immerwährendes Opfer für das Heil der Welt,

Jesu, du kostbares Kleinod gläubiger Seelen,

Jesu, du Freude der Gerechten,

Jesu, du Versöhner unserer Sünden,

Jesu, du Trost und Zuversicht wahrer Büßenden,

Jesu, du Zuflucht aller Verlassenen,

Jesu, du Trost der Leidenden,

Jesu, du erquickende Speise der Hungrigen,

Jesu, du Arznei der Kranken,

Jesu, du Wegzehrung der Sterbenden,

Erbarme dich unser!

Jesu, du Unterpfand der zukünftigen Herrlichkeit,
  erbarme dich unser!

Jesu, du beseligender Lohn der Auserwählten,
  erbarme dich unser!

Sei uns gnädig! Verschone, uns, o Herr!

Sei uns gnädig! Erhöre uns, o Herr!

Vom unwürdigen Genusse deines heiligsten Flei=
  sches und Blutes — Erlöse uns, o Herr!

Von der Begierlichkeit des Fleisches

Von der Hoffart des Lebens

Von der Lauigkeit im Guten

Von der Gelegenheit zu sündigen

Von der Einwilligung zur Sünde

Von dem Unglauben an deine ewigen
  Wahrheiten

Von einem unseligen und unvorbereiteten
  Tode

Durch die unendliche Liebe, mit welcher du
  dieses heiligste Geheimniß eingesetzet hast,

Durch die heiße Begierde, mit uns vereinget
  zu werden, die du bei dieser Einsetzung
  bezeiget hast,

Durch die tiefe Demuth, mit welcher du
  dich zu uns Unwürdigen herablässest,

Durch die Langmuth, mit welcher du unter
  uns sündigen Menschen wohnest,

Durch das wundervolle Geheimniß, welches
  wir auf diesem Altare anbeten,

Durch dein heiligstes Fleisch und Blut,
  welches wir in diesem Sacramente ge=
  nießen,

Erlöse uns, o Herr!

Wir arme Sünder, wir bitten dich, erhöre uns!

Daß du in uns den lebendigen Glauben an

dieses hochwürdige Geheimniß allzeit ver=
mehren mögest,

Daß du durch einen würdigen Genuß des=
selben deine erhabenen Verheißungen an
uns erfüllen mögest,

Daß du alle lasterhaften Neigungen in uns
tödten und unterdrücken wollest,

Daß wir nimmermehr durch eine vorsätzliche
Versündigung von dir getrennet werden,

Daß du uns in deiner Gnade stärken und
bestätigen wollest,

Daß wir in der Tugend und in der Liebe
zu allem Guten stets wachsen und zu=
nehmen mögen,

Daß du uns durch das Band deiner Liebe
mit dir unzertrennlich vereinigen wollest,

Daß du uns zur thätigen Nächstenliebe er=
wecken mögest,

Daß du uns am Ende des Lebens mit der
himmlischen Wegzehrung stärken wollest,

Daß du uns zum Mahle des ewigen Le=
bens führen wollest,

*Wir bitten dich, erhöre uns!*

O du Lamm Gottes, welches du hinnimmst die
Sünden der Welt! Verschone uns, o Herr!

O du Lamm Gottes, welches du hinnimmst die
Sünden der Welt! Erhöre uns, o Herr!

O du Lamm Gottes, welches du hinnimmst die
Sünden der Welt! Erbarme dich unser, o Herr!

Christe, höre uns!

Christe, erhöre uns!

 Vater unser 2c.

V. Der barmherzige und erbarmende Herr hat uns ein Denkmal seiner Wunder hinterlassen.

R. Er hat Denen, die ihn fürchten, Speise gegeben.

V. Du hast uns, o Herr! das Himmelbrod gereichet,

R. Welches alle Vergnügungen in sich enthält.

V. Herr! erhöre mein Gebet,

R. Und laß mein Rufen zu dir kommen.

O Gott, der du uns unter dem wunderbaren Sacramente das Andenken deines Leidens hinterlassen hast; wir bitten dich, verleihe uns, die heiligen Geheimnisse deines Leibes und Blutes so zu verehren, daß wir die Wirkung deiner Erlösung in uns ohne Unterlaß genießen. Der du lebst und regierst von Ewigkeit zu Ewigkeit. Amen.

## 1.

O Jesus, der du unter den Gestalten des Brodes wahrhaft gegenwärtig bist, der du dieses größte Geheimniß deiner Liebe zum Denkmale deines Todes gestiftet hast, ertheile uns die Gnade, daß wir deines Kreuztodes immer dankbar gedenken. Laß das Andenken deines Todes in uns so kräftig werden, daß wir der Sünde vollkommen absterben und dir allein leben. Amen.

## 2.

O Jesus, du wahre Speise unserer Seelen! unterstütze unsere Schwachheit mit deiner Gnade; mache, daß wir dein Fleisch und Blut immer würdig genießen. Stärke uns durch diese göttliche Speise, damit unser Glaube nie wanke, unsere Hoffnung nie sinke, und unsere Liebe nie erkalte. Amen.

### 3.

O Jesus, du liebevoller Hirt unserer Seelen! durch dieses wunderbare Geheimniß deiner Liebe willst du Eins mit uns werden. Zieh unsere Herzen zu dir, damit wir lieben, was du liebest, und verabscheuen, was du verabscheuest. Vollbring an uns dieses Wunder deiner Liebe, daß unsere Gedanken und unsere Worte, unsere Werke und unsere Leiden nach der Vorschrift deiner göttlichen Lehre, nach dem Muster deines Lebens und Leidens und nach dem Wohlgefallen deines ewigen Vaters immer eingerichtet seien. Amen.

### 4.

O Jesus, du Erlöser aller Menschen! sende den Geist der Liebe in unsere Herzen, damit wir Alle als Glieder Eines Leibes einander helfen. Laß uns Alle, die wir an Einem Tische dein göttliches Gastmahl genießen, auch Ein Herz und Eine Seele unter einander haben. Amen.

### 5.

O gütigster Jesus, der du dein Fleisch und Blut uns zum Unterpfande des ewigen Lebens hinterlassen hast, voll Zuversicht hoffen wir, was du versprochen hast: „Wer mein Fleisch ißt und mein Blut trinkt, hat das ewige Leben; wer mich ißt, wird durch mich leben." Wir danken dir, o Jesus! für dieses kostbarste Unterpfand, und bitten dich durch deine unermeßliche

Liebe, laß uns durch dasselbe das ewig glück=
selige Leben erlangen. Amen.

### 6.

Die Seele Christi heilige mich,
Der Leichnam Christi erlöse mich,
Das Blut Christi tränke mich,
Das Wasser der Seite wasche mich,
Das Leiden Christi stärke mich,
O gütigster Jesu! erhöre mich,
In deine heiligen Wunden verberge mich,
Von dir laß nimmer scheiden mich,
Vor'm bösen Feind beschütze mich,
In der Stunde meines Todes rufe mich,
Und laß zu dir kommen mich,
Daß ich mit deinen Heiligen lobe dich
In alle Ewigkeit. Amen.       (St. Ignatius.)

### 7.

Ich bete dich demüthig an, o unergründliche
Gottheit, die du unter diesen Gestalten wahr=
haft verborgen bist! Dir unterwirft sich mein
Herz, weil es in deiner Betrachtung gänzlich sich
verliert. Gesicht, Geschmack und Gefühl machen
an dir irre; doch das Hören nicht, es gibt viel=
mehr den festen Glaubensgrund. Ich glaube,
denn Gottes Sohn hat geredet: Nichts ist wahrer,
als dieses Wort der Wahrheit. Am Kreuze war
bloß die Gottheit verborgen; aber hier ist zugleich
auch die Menschheit verhüllt: doch glaube und
bekenne ich beide als hier zugegen und ich flehe,
was der büßende Schächer gefleht hat.

Die Wundmale schaue ich nicht wie Thomas,

doch bekenne ich dich als meinen Gott. Gib, daß ich immer mehr an dich glaube, auf dich meine Hoffnung setze, dich liebe. O Denkmal des Todes unseres Herrn, wahres Brod, das der Welt das Leben gibt, laß meine Seele von dir leben und immer deine Süße kosten! Herr Jesus, du liebreicher Pelikan, wasch mich Un= reinen durch dein Blut, von dem ein einziger Tropfen die ganze Welt reinigen kann! O Jesus, den ich nun verhüllt anschaue, wann kömmt doch die Stunde, wonach ich dürste, daß ich dich mit enthülltem Antlitze schauen und im Schauen deiner Glorie selig sein werde?

(St. Thomas von Aquin.)

## 8.

Tief gebeugt bete ich dich an, o verborgener Gott und Mensch, du kostbarer Schatz und Freude des menschlichen Herzens! Sei gegrüßt, du hei= liger und zarter Frohnleichnam meines Erlösers, du lebendiges Brod der Engel, du kräftige Speise und Erquickung aller Menschen! Sei gegrüßt, du hochheiliges Blut Jesu Christi, du köstliche Traube, du fruchtbringender Weinstock, von welchem alle Labung fließt!

Im Namen aller Geschöpfe sage ich dir Lob und Dank, daß du dich gewürdigt hast, uns ein Unterpfand der höchsten Liebe in diesem Sacra= mente zu hinterlassen und bei uns Armen bis zum Ende der Welt voll Gnade zu wohnen. Wie wunderbar ist dein Name und wie unaus= sprechlich das Geheimniß der Liebe, die dich in diesem Sacramente verborgen hält! Den From=

men gibst du Mehrung der Gnade, den Sündern Verzeihung ihrer Schuld, den Betrübten
Trost in ihrer Schwermuth, den Angefochtenen
Stärke zum Widerstande, den Bedrängten Rettung aus ihrer Gefahr, den Sterbenden Hilfe
in ihrer letzten Stunde, den Abgeschiedenen Lin-
derung in ihrer Qual. Darum sollen Himmel
und Erde dich preisen und ein neues Loblied
deiner Glorie singen; denn du bist heilig, heilig,
heilig, und es ist kein Herrscher, der so nahe
seinem Volke wäre, wie du, o Herr, du König
der Welt und du Fürst des Friedens und der
Liebe! O, daß doch alle Geister dich erkennen,
alle Herzen dich lieben, alle Lippen lobpreisend
dich bekennen, alle Völker der Welt deine Majestät,
die unter dieser Wolke des Brodes verhüllt ist,
gläubig schauen und in tiefster Demuth anbeten
möchten! Amen.                      (P. Flucke.)

## 9.

O verborgener Gott! Ich komme mit Vertrauen
und lebendigem Glauben, mit inniger Liebe zu
dir; ich eröffne deiner Majestät meine Anliegen
und meine Noth, besonders da ich rufen höre:
„Kommet Alle, die ihr mühselig und beladen
seid, und ich will euch erquicken." Ich beweine
meine Sünden in Reueschmerz vor dir; ich klage
dir meine Leiden, o höchste Liebe!

Du siehst, wie matt mein Geist, wie kraftlos
meine Seele ist. Erquicke sie, denn du bist das
Brod der Seelen und die Stärke der Geister.
Du siehst meine Armseligkeit und meine Schwäche,
o blicke mich an, mein Helfer und Beschützer!

Du kennst alle meine Bedrängnisse, o hilf mir, mein Heiland und Erlöser! Herr, breite aus die Flügel deines allmächtigen Schutzes über Alle, die dich anrufen, und gieße deinen heiligen Segen über deine Kirche aus, die du mit dem Lösegeld deines Blutes erkauft hast! Herr Jesus Christus, du Trost unseres Lebens! gedenke auch unserer Pilgerschaft hienieden; segne unsere Gemeinde, beglücke unsere Wohnungen und bringe Wohl= fahrt unsern Feldern und Fluren, unsern Heer= den und unserer Habe. Allmächtiger, ewiger Gott, der du den Himmel mit Wolken bedeckest, die Thüren des Himmels öffnest, mit Thau und Regen die Erde befeuchtest und das Land mit Früchten deiner Allmacht sättigest; laß uns von Engelhänden beschützt und beschirmt werden, da= mit kein Unheil uns versehre und der Satan uns nicht zu schaden vermöge! Bewahre uns vor Brand und Sturmwind, vor Hagel und schädlichem Ungewitter, vor Krieg und Mord, vor Krankheit und Seuche, vor Hunger und Theuerung, vor Schaden und Unglück, vor Haß und Feindschaft, vor Zank und Uneinigkeit, vor böser Lust und Unzucht, vor Sünde und Scha= den, vor dem jähen und bösen Tode, vor allen Uebeln des Leibes und der Seele!

Dein heiliger Segen sei und bleibe befestigt über uns! Du allein bist unsere Stärke und Zu= flucht, unsere Hoffnung und Erlösung, unsere Freude und unser Jubel durch die Ewigkeiten der Ewigkeit. Amen.

(P. Flucke.)

# Gesänge.

## I.

### Zu dem heiligen Segen.

1. Wir beten an dich, wahres Engelbrod!
Dich, Vater, Herr, barmherzig großer Gott!
Heilig, heilig, heilig,
Du bist allzeit heilig!
Sei gepriesen ohne End'
In dem heil'gen Sacrament.

2. Wir bitten dich, erbarme dich, o Gott!
Und segne uns durch dieses Gnadenbrod.
Heilig, heilig, heilig,
Du bist 2c.

## II.

1. Da ich dich, Gott! in Brodsgestalt
Gewiß verborgen glaube,
So bet' ich dich hier an im Staube
Und schenke dir mein ganzes Herz,
Das sich durch deine Huld gerührt
Vor Liebe ganz in dich verliert.

2. Ihr Sinne schweigt, ihr Zweifler flieht,
Denn euer Urtheil trüget;
Das Wort von Gott hat obgesieget.
Ich glaube, denn Gott hat's gesagt.
Das Wort, das er geoffenbart,
Ist Wahrheit, die mein Herz bewahrt.

3. Mein Auge sieht, wie Thomas, nicht
Die Zeichen deiner Wunde,
Doch glaube ich mit Herz und Munde,
Was, Herr! mich deine Kirche lehrt.

Ich glaube, Gott! und voll Vertrau'n
Werd' ich auf dich wie Felsen bau'n.

4. Auf den Altar gehört mein Herz,
    Wo Gott alleine wohnet,
    Wo seine ganze Liebe thronet,
Und seine volle Gnade herrscht.
    Er ist der Seelen Bräutigam,
    Der Herzen zu entflammen kam.

5. Du allerbester Seelenhirt!
    Du weidest uns mit Liebe,
    Zu heil'gen unsers Herzens Triebe:
Dieß lehre mich, dein irrend Schaf.
    Du hast erkauft die Seelenschaar
    Und suchest, was verloren war.

6. Laß mich zu deinem Tisch, o Herr!
    Niemals unwürdig gehen,
    Zieh meinen Geist zu deinen Höhen
Vorher geprüft und rein zu dir.
    Ich will nicht essen das Gericht,
    Und du willst mein Verderben nicht.

7. Du willst bei Menschenkindern sein,
    Wenn sie nur zu dir treten;
    Erhörst, wenn wir wie Kinder beten
Und im Vertrauen zu dir fleh'n:
    Schenkst uns dich selbst im Sacrament
    Und stärkst uns vor des Lebens End'.

8. Erleuchte, beßre, stärk' mein Herz,
    Daß ich die Tugend übe;
    Die reine Flamme deiner Liebe,
Sie führe einstens mich dorthin,

Wo dich mein Aug' im Glanz erblickt,
Dein Anschau'n ewig mich erquickt.

9. Wir singen Ehre, Preis und Dank
   Hier vor des Höchsten Throne
   Dem Vater, seinem liebsten Sohne,
   Dem heil'gen Geiste, Beiden gleich.
   Dich, heiligste Dreifaltigkeit!
   Dich betet an die Christenheit.


# III.

1. Christen! singt mit frohen Herzen,
   Preiset Gott, das höchste Gut,
   Das Geheimniß seiner Liebe,
   Seinen wahren Leib und Blut —
   Jenen Leib, der angeheftet
   An dem Kreuze für uns starb,
   Jenes Blut, das dort geflossen
   Und der Welt das Heil erwarb.

2. Uns gegeben, uns zum Heile
   Trat er in die Welt herein;
   Aus Maria, einer Jungfrau,
   Wollte er geboren sein.
   Als er wallend durch dieß Leben
   Seines Wortes Saat gestreut,
   Wollte er sein Dasein schließen
   Wunderbar in Herrlichkeit.

3. Da er abendlich im Kreise
   Seiner lieben Jünger saß
   Und das Osterlamm mit ihnen
   Nach der alten Satzung aß,

Macht' er eine Liebesstiftung,
   Da das Mahl geendigt war,
Gab mit seinem Fleisch und Blute
   Ihnen sich zur Speise dar.

4. Nahm in seine heil'gen Hände,
   Segnete und brach das Brod,
Und in seinen Leib verkehrt ist,
   Was er zum Genusse bot.
Segnet auch den Wein im Kelche,
   Reichet ihn zum Trinken hin,
Und kein Wein ist mehr — o Wunder! —
   Nein, es ist sein Blut darin.

5. Vor dem heiligen Geheimniß
   Laßt uns knieen tiefgeneigt!
Nur der Glaube kann erschauen,
   Wo der Sinne Zeugniß schweigt.
Jesus ist mit Fleisch und Blute,
   Gott und Mensch — im Sacrament:
Welch ein Denkmal seiner Liebe
   In dem neuen Testament!

6. Preis Gott auf dem ew'gen Throne,
   Dank und Ruhm und Herrlichkeit!
Lob dem Vater und dem Sohne
   Von der ganzen Christenheit!
Ruhm dem heil'gen Geist und Ehre
   Jetzo und zu jeder Stund'!
Des Dreiein'gen Lob vermehre
   Jedes Herz und jeder Mund!

## IV.

1. Deinem Heiland, deinem Lehrer,
   Deinem Hirten und Ernährer,
     Sion! stimm' ein Loblied an.
   Preis' nach Kräften seine Würde,
   Wenn auch kein Lob, keine Zierde
     Seiner Würde gleichen kann.

2. Dieses Brod sollst du erheben,
   Welches lebt und gibt das Leben,
     Das man heut' den Christen weis't.
   Dieses Brod, mit dem im Saale
   Christus bei dem Abendmahle
     Die zwölf Jünger hat gespeis't.

3. Unser Lob soll laut erschallen,
   Und das Herz in Freude wallen,
     Denn der Tag hat sich genaht,
   Da der Herr zum Tisch der Gnaden
   Seine Jünger einst geladen
     Und dieß Brod geopfert hat.

4. Durch das Lamm, das wir erhalten,
   Ist nun der Genuß des alten
     Osterlammes abgebracht;
   Altes muß dem Neuen weichen,
   Vor der Wahrheit muß das Zeichen
     Schwinden, vor dem Licht die Nacht.

5. Was von Jesus dort geschehen,
   Sollen wir wie er begehen,
     Daß wir immer denken sein;
   Seinen Leib, den er gegeben
   In den Tod, damit wir leben,
     Opfern wir in Brod und Wein.

6. Denn wie uns der Glaube lehret,
   Wird das Brod in Fleisch verkehret
     Und in Christi Blut der Wein.
   Was dabei das Aug' nicht siehet,
   Dem Verstande selbst entfliehet,
     Sieht der feste Glaube ein.

7. Zweigestaltig äuß'res Zeichen,
   Ohn' im Wesen abzuweichen,
     Dieses höchste Gut umschließt:
   Blut und Fleisch sind Trank und Speise,
   Unter jedem gleicher Weise
     Christus ganz zugegen ist.

8. Wer zu diesem Gastmahl eilet,
   Nimmt ihn ganz und unzertheilet,
     Unzerbrochen, unversehrt.
   Einer kommt und Tausend kommen,
   Und wenn Alle ihn genommen,
     Bleibet er selbst unverzehrt.

9. Fromme kommen, Böse kommen;
   Haben Beide ihn genommen,
     Bringt er Leben, bringt er Tod:
   Bösen Tod, den Guten Leben,
   Obschon Beiden gleich gegeben.
     So verschieden wirkt dieß Brod.

10. Endlich wisse, daß vom Leibe
    So viel in den Theilen bleibe,
      Als im Ganzen selbsten war.
    Nicht das Wesen, nur das Zeichen
    Muß da der Zertheilung weichen;
      Ganz bleibt Christus immerdar.

11. Seht, das ist das Brod der Kinder,
    Der Gerechten, nicht der Sünder,
        Welches auch die Engel nährt;
    Schon im Isaak, Mannabrode
    Und des Osterlammes Tode
        War es einstens vorerklärt.

12. Guter Hirt, du wahre Speise,
    Jesus, stärk' uns auf der Reise
        Hin in deines Vaters Reich!
    Nähr' uns hier im Jammerthale,
    Ruf' uns dort zum Hochzeitmahle,
        Mach' uns deinen Heil'gen gleich!

## V.

1. Kommt und lobet ohne End'
   Das hochheilig' Sacrament,
   :,: Welches Jesus eingesetzet
   Uns zum Testament. :,:

2. Hier ist Jesu Fleisch und Blut,
   Dieses allerhöchste Gut:
   :,: Unsre Labung, unsre Sühne,
   Unsrer Seele Hut. :,:

3. Sei gelobt, gebenedeit,
   Süßer Trost in Bitterkeit
   :,: Und in allem Kampf und Leiden
   Unsre Sicherheit! :,:

4. Segne uns, o großer Gott,
   Hochgeweihtes Engelbrod!
   :,: O, bewahre und errette
   Uns aus aller Noth. :,:

5. Hilf uns in der letzten Zeit,
   Halt' uns dieses Brod bereit,
   :,: Daß wir froh von hinnen fahren
   In die Ewigkeit! :,:

---

# Betstunde bei der ewigen Anbetung

des

## allerheiligsten Altarsacraments.

---

### Vorbereitungsgebet.

Herr Jesu Christe, du Sohn des lebendigen Gottes! sieh, vor deiner höchsten Majestät fallen wir nieder, glauben und bekennen vor dir und dem ganzen himmlischen Hofe, daß du in dem allerheiligsten Sacramente des Altars mit Gottheit und Menschheit wahrhaft zugegen seiest. Mit tiefster Demuth beten wir dich an als unsern Herrn und Gott. Wir bezeigen dir unsere schuldigste Liebe und Dankbarkeit, daß du nicht allein den schmählichsten Tod des Kreuzes für uns gelitten, sondern auch zu dessen stetem Gedächtniß dein allerheiligstes Fleisch und Blut uns hast dargegeben in diesem hochwürdigsten Geheimniß, und in demselben bei uns unaufhörlich, Tag und Nacht, zu unserem Troste verbleibest.

Nun, o liebwerthester Jesu! damit wir für diese und alle anderen unzählbaren Wohlthaten dir dankbar seien, deinen heiligen Namen preisen, die vielfältigen gegen dich begangenen Unehren in Etwas ersetzen, uns und allen lieben Brüdern und Schwestern, wie auch dem ganzen lieben Vaterlande, ja der allgemeinen christlichen Kirche wahren Segen und steten Wohlstand erbitten; besonders aber, damit wir dein heilwertherthestes Fleisch und Blut als unsere letzte kräftige Wegzehrung erhalten, mithin ewig bei dir sein und verbleiben mögen: darum opfern wir dir demüthigst die folgende Betstunde auf.

Wir bereuen vorher mit innerstem Schmerzen und vom Grunde unserer Seelen, daß wir dich, unseren lieben Herrn und Gott, das allerhöchste beste Gut, mit der geringsten Sünde jemals beleidiget haben. Wir nehmen uns ernstlich vor, lieber alles Uebel zu leiden, als gegen dich noch einmal im Leben zu sündigen.

O allerseligste Gottesgebärerin und Jungfrau Maria! die du unserem Erlöser, Christo Jesu, dein reinstes Fleisch und Blut liebreich hast mitgetheilt, dir sei dafür auch ewig Lob und Dank gesagt. Laß dir gefallen, uns sammt unserem Gebete deinem göttlichen Sohne aufzuopfern, damit es ihm zur größeren Ehre, uns aber zum zeitlichen und ewigen Heile gereiche. Amen.

### Gesang.

1. Da ich dich, Gott! in Brodsgestalt
   Gewiß verborgen glaube,
   So bet' ich dich hier an im Staube
   Und schenke dir mein ganzes Herz,
   Das sich, durch deine Huld gerührt,
   Vor Liebe ganz in dich verliert.

2. Ihr Sinne schweigt, ihr Zweifler flieht,
   Denn euer Urtheil trüget;
   Das Wort von Gott hat obgesieget.
   Ich glaube, denn Gott hat's gesagt.
   Das Wort, das er geoffenbart,
   Ist Wahrheit, die mein Herz bewahrt.

## Litanei vom hochwürdigsten Gute.

### (Sieh Seite 39.)

Dann folgt:

V. Der barmherzige und erbarmende Herr hat uns ein Denkmal seiner Wunder hinterlassen.

R. Er hat Denen, die ihn fürchten, Speise gegeben.

V. Du hast uns, o Herr! das Himmelbrod gereichet,

R. Welches alle Vergnügungen in sich enthält.

V. Herr! erhöre mein Gebet,

R. Und laß mein Rufen zu dir kommen.

Herr Jesu Christe, du Sohn des lebendigen Gottes! der du dem Willen deines himmlischen Vaters gemäß, kraft der Mitwirkung des heiligen Geistes, durch deinen Tod der Welt das Leben gegeben hast, befreie uns durch dein heiligstes Fleisch und Blut von unseren Sünden und von allem Uebel, und verleihe, daß wir von deinem heiligen Gesetze nicht abweichen, noch von dir geschieden werden. Der du lebest und regierest in alle Ewigkeit. Amen.

3. Mein Auge sieht, wie Thomas, nicht
   Die Zeichen deiner Wunde,
     Doch glaube ich mit Herz und Munde,
   Was, Herr! mich deine Kirche lehrt.
     Ich glaube, Gott! und voll Vertrau'n
     Werd' ich auf dich wie Felsen bau'n.

4. Auf den Altar gehört mein Herz,
     Wo Gott alleine wohnet,
     Wo seine ganze Liebe thronet,
   Und seine volle Gnade herrscht.
     Er ist der Seelen Bräutigam,
     Der Herzen zu entflammen kam.

Hierauf beginnt der Rosenkranz wie folgt:

Im Namen des Vaters und des Sohnes und des heiligen Geistes. Amen.

Ich glaube an Gott Vater ꝛc.

Nach dem Glauben:

Gelobt sei das allerheiligste Sacrament des Altars!

V. Ehre sei dem Vater und dem Sohne und dem heiligen Geiste,

R. Wie er war im Anfang, jetzt und allzeit und zu ewigen Zeiten. Amen.

Dann wird gesungen:

Jesu Christe! für uns am Kreuz gestorben, durch die heilige Wunde deiner rechten Hand: Herr, erbarme dich unser!

Gegrüßet seist du, Maria ꝛc.

Gelobt sei das allerheiligste Sacrament des Altars!

## Gebet.

O Jesu! der du unter den Gestalten des
Brodes wahrhaft gegenwärtig bist, der du dieses
größte Geheimniß deiner Liebe zum Denkmale
deines Todes gestiftet hast, ertheile uns die
Gnade, daß wir uns deines Kreuztodes dankbar
erinnern. Laß das Andenken deines Todes in
uns so kräftig werden, daß wir von nun an
der Sünde vollkommen absterben und dir allein
leben. Amen.

3 Vater unser 2c. und: Gelobt sei das allerheiligste Sacrament des Altars!

Ehre sei dem Vater u. s. w.

Dann wird gesungen:

Jesu Christe! für uns am Kreuz gestorben,
durch die heilige Wunde deiner linken Hand:
Herr, erbarme dich unser!

Gegrüßet seist du, Maria 2c.

Gelobt sei das allerheiligste Sacrament des
Altars!

## Gebet.

O Jesu, du wahre Speise unserer Seelen!
unterstütze unsere Schwachheit mit deiner Gnade;
mache, daß wir dein Fleisch und Blut immer
würdig genießen. Stärke uns durch diese göttliche Speise, damit wir in dem Kampfe mit der
Sünde nicht unterliegen, damit unser Glaube
nie wanke, unsere Hoffnung nie sinke, und unsere
Liebe nie erkalte. Amen.

Dann werden 10 Vater unser gebetet und nach jedem
Vater unser wird der Lobspruch hinzugesetzt:

Gelobt sei das allerheiligste Sacrament des Altars!

Zuletzt:

Ehre sei dem Vater 2c.

Dann wird gesungen:

Jesu Christe! für uns am Kreuze gestorben, durch die heilige Wunde deines rechten Fußes: Herr, erbarme dich unser!

Gegrüßest seist du, Maria 2c.

Gelobt sei das allerheiligste Sacrament des Altars!

### Gebet.

O Jesu, du liebevoller Hirt unserer Seelen! durch dieses wunderbare Geheimniß deiner Liebe willst du Eins mit uns werden. Zieh unsere Herzen zu dir, damit wir lieben, was du liebest, und verabscheuen, was du verabscheuest. Vollbringe an uns dieses Wunder deiner Liebe, daß unsere Gedanken und unsere Worte, unsere Werke und unsere Leiden nach der Vorschrift deiner göttlichen Lehre, nach dem Muster deines Lebens und Leidens und nach dem Wohlgefallen deines ewigen Vaters immer eingerichtet seien. Amen.

Dann werden 10 Vater unser gebetet mit allzeit angehängtem Lobspruche:

Gelobt sei das allerheiligste Sacrament des Altars!

Zuletzt:

Ehre sei dem Vater 2c.

Dann wird gesungen:

Jesu Christe! für uns am Kreuze gestorben, durch die heilige Wunde deines linken Fußes: Herr, erbarme dich unser!

Gegrüßet seist du, Maria ꝛc.

Gelobt sei das allerheiligste Sacrament des Altars!

### Gebet.

O Jesu, du Erlöser aller Menschen! sende den Geist der Liebe in unsere Herzen, damit wir Alle als Glieder Eines Leibes einander helfen. Laß uns Alle, die wir an Einem Tische dein göttliches Gastmahl genießen, auch Ein Herz und Eine Seele unter einander haben. Amen.

Dann werden 10 Vater unser gebetet mit allzeit ange=hängtem Lobspruche:

Gelobt sei das allerheiligste Sacrament des Altars!

Zuletzt:

Ehre sei dem Vater ꝛc.

Dann wird gesungen:

Jesu Christe! für uns am Kreuz gestorben, durch die heilige Wunde deiner Seite: Herr, er=barme dich unser!

Gegrüßet seist du, Maria ꝛc.

Gelobt sei das allerheiligste Sacrament des Altars!

### Gebet.

O gütigster Jesu, der du dein Fleisch und Blut uns zum Unterpfande des ewigen Lebens hinterlassen hast, voll Zuversicht hoffen wir, was du versprochen hast: „Wer mein Fleisch ißt und mein Blut trinkt, hat das ewige Leben. Wer mich ißt, wird durch mich leben." Wir danken dir, o Jesus! für dieses kostbare Unter=pfand, und bitten dich durch deine unermeßliche

Liebe, laß uns durch dasselbe das ewig glück=
selige Leben erlangen.  Amen.

### Gesang.

5. Du allerbester Seelenhirt!
 Du weidest uns mit Liebe,
 Zu heil'gen unsers Herzens Triebe:
Dieß lehre mich, dein irrend Schaf.
 Du hast erkauft die Seelenschaar
 Und suchest, was verloren war.

6. Laß mich zu deinem Tisch, o Herr!
 Niemals unwürdig gehen,
 Zieh' meinen Geist zu deinen Höhen
Vorher geprüft und rein zu dir.
 Ich will nicht essen das Gericht,
 Und du willst mein Verderben nicht.

Hierauf folgt das Schlußgebet, welches das Volk mit
lauter Stimme nachspricht:

Die Seele Christi heilige mich,
Der Leichnam Christi erlöse mich,
Das Blut Christi tränke mich,
Das Wasser der Seite wasche mich,
Das Leiden Christi stärke mich,
O gütigster Jesu! erhöre mich,
In deine heiligen Wunden verberge mich,
Von dir laß nimmer scheiden mich,
Vor'm bösen Feind beschütze mich,
In der Stunde meines Todes rufe mich,
Und laß zu dir kommen mich,
Daß ich mit deinen Heiligen lobe dich
In alle Ewigkeit.  Amen.

V. Herr! du hast deinem Volke das Brod der
 Engel gegeben:

℞. Du haſt uns mit der Speiſe des Himmels geſättigt.

### Gebet.

O Gott, der du uns unter dem wunderbaren Sacramente das Andenken deines Leidens hinterlaſſen haſt; wir bitten dich, verleihe uns, daß wir dieſe heiligen Geheimniſſe deines Leibes und Blutes ſo verehren, daß wir die Wirkung deiner Erlöſung in uns ohne Unterlaß genießen.

O Gott, unſere Zuflucht und Stärke! du biſt der Urheber unſerer Andacht; darum ſtehe bei dem andächtigen Gebete deiner Kirche, und verleihe gnädig, daß wir Dasjenige, was wir für unſere geiſtliche und weltliche Obrigkeit, für unſere lebendigen und abgeſtorbenen Brüder und Schweſtern, und endlich für das allgemeine Anliegen der ganzen Chriſtenheit gläubig begehren, auch wirklich erlangen. Der du lebeſt und regiereſt von Ewigkeit zu Ewigkeit. Amen.

### Geſang.

7. Du willſt bei Menſchenkindern ſein,
   Wenn ſie nur zu Dir treten;
   Erhörſt, wenn wir wie Kinder beten
   Und im Vertrauen zu dir fleh'n:
   Schenkſt uns dich ſelbſt im Sacrament
   Und ſtärkſt uns vor des Lebens End'.

8. Erleuchte, beſſre, ſtärk' mein Herz,
   Daß ich die Tugend übe;
   Die reine Flamme deiner Liebe,
   Sie führe einſtens mich dorthin,
   Wo dich mein Aug' im Glanz erblickt,
   Dein Anſchau'n ewig mich erquickt.

9. Wir singen Ehre, Preis und Dank
   Hier vor des Höchsten Throne
   Dem Vater, seinem liebsten Sohne,
   Dem heil'gen Geiste, Beiden gleich.
   Dich, heiligste Dreifaltigkeit!
   Dich betet an die Christenheit.

## Bitte um den Segen des allerheiligsten Sacramentes.

Göttlicher Heiland! der du uns deinen heiligsten Leib und dein kostbares Blut in dem Sacramente des Altars hinterlassen hast: wir danken dir nochmals für dieses Opfer deiner unerschöpflichen Liebe. Und da du, die Quelle alles Segens, in demselben enthalten bist, so bitten wir dich, ertheile uns deinen Segen, und allen Denen, für welche wir die Meinung haben, gleiche Gnade zu erbitten. Segne uns mit einem Segen, der uns zu anderen Menschen mache, der uns mit deinem Geiste erfülle und uns ein Unterpfand desjenigen Segens werde, den du deinen Auserwählten in jenem Leben vorbehalten hast. Dies bitten wir im Namen des Vaters und des Sohnes und des heiligen Geistes. Amen.

V. Gelobt und gebenedeit sei Jesus Christus im allerheiligsten Sacrament:

R. Von nun an bis in Ewigkeit. Amen.

# Andacht zur heiligsten Dreifaltigkeit.

## Gebete.

### Litanei.

Herr, erbarme dich unser! Christe, erbarme dich
    unser! Herr, erbarme dich unser!

Herr, höre uns! Christe, erhöre uns!

Gott Vater vom Himmel,

Gott Sohn, Erlöser der Welt,

Gott, heiliger Geist,

Heilige Dreifaltigkeit, ein einiger Gott,

O lebendiger und wahrer Gott,

O einiger und ewiger Gott,

O allmächtiger Gott,

O allwissender und allweiser Gott,

O allgütiger und allbarmherziger Gott,

O allheiliger und allgerechter Gott,

O langmüthiger Gott,

O allwahrhaftiger und treuer Gott,

O allgegenwärtiger und unveränderlicher
    Gott,

O Herr, Gott Sabaoth,

Gott, Schöpfer und Erhalter,

Gott, Erlöser und Versöhner,

Gott, Tröster und Seligmacher,

O Gott, der du warst und bist und sein
    wirst,

O Gott, von dem, durch den und in
    dem Alles ist,

Erbarme dich unser!

5

O Gott, in dem wir leben und weben und sind,

O Gott, der du schauest in's Verborgene und Alles weißt, noch ehe es geschieht,

O Gott, der du nicht willst, daß Einer verloren gehe, sondern daß Alle leben und selig werden,

O Gott, der du gibst und nimmst nach dem Wohlgefallen deiner Weisheit und Güte,

O Gott, der du Denen, die dich lieben, Alles zum Besten gereichen lässest,

O Gott, unbegreiflich in deinen Gerichten!

O Gott, unerforschlich in deinen Wegen!

O Gott, unser fürsorgender Vater in allen deinen Rathschlüssen!

O süßer, o milder, o gütiger Gott!

*Erbarme dich unser!*

Sei uns gnädig! ℟. Verschone uns, o Herr!

Sei uns gnädig! ℟. Erhöre uns, o Herr!

Von allem Uebel ℟. Erlöse uns, o Herr!

Von Stolz und Hoffart,

Von Haß und Neid,

Von allem Zorn und bösen Willen,

Von Begierlichkeit und Verstocktheit,

Vom Geist des Unglaubens,

Von Kleinmuth und Verzweiflung,

Von Vermessenheit und Aberglauben,

Von den bevorstehenden Gefahren,

Von den verdienten Strafen,

Von Pest, Hunger und Krieg,

Von der ewigen Verdammniß,

Durch die Stärke deiner Allmacht,

Durch deine ewige Weisheit,

*Erlöse uns, o Herr!*

Durch deine große Barmherzigkeit, Erlöse uns,
o Herr!

Durch deine Langmuth und Gütigkeit, Erlöse
uns, o Herr!

Durch deine unendliche Treue, Erlöse uns, o
Herr!

Durch den Abgrund deiner Liebe, Erlöse uns,
o Herr!

Am Tage des Gerichtes, Erlöse uns, o Herr!

Wir arme Sünder, ℟: Wir bitten dich, erhöre
uns!

Daß du uns in allem Guten stärken und
erhalten wollest,

Daß wir deinen heiligsten Namen allzeit
ehren und preisen mögen,

Daß du uns im rechten Glauben erleuchten
und befestigen wollest,

Daß du uns in der christlichen Hoffnung
kräftigen und bewahren wollest,

Daß du uns in der göttlichen Liebe entzünden und beseligen wollest,

Daß du deine heilige Kirche schützen und
regieren wollest,

Daß du dein Reich in Gnaden mehren
wollest,

Daß dein heiliger Wille auf Erden wie im
Himmel allzeit geschehen möge,

Daß du'uns das tägliche Brod des Leibes
und der Seele verleihen wollest,

Daß du die Früchte der Erde geben und
erhalten wollest,

Daß du uns unsere Schuld gnädig nach-
lassen wollest,

*Wir bitten dich, erhöre uns!*

Daß du uns vor gefährlicher Versuchung bewahren wollest,

Daß du uns aus allen Nöthen erretten wollest,

Daß du uns vor einem jähen unvorsehenen Tode behüten wollest,

Daß du den Seelen der Abgestorbenen das ewige Leben ertheilen wollest,

Dreieiniger Gott, Vater, Sohn und heiliger Geist!

*Wir bitten dich, erhöre uns!*

O du Lamm Gottes ꝛc. ℞. Verschone uns, o Herr!

O du Lamm Gottes ꝛc. ℞. Erhöre uns, o Herr!

O du Lamm Gottes ꝛc. ℞. Erbarme dich unser, o Herr!

Herr, erhöre uns! Christe erhöre uns!

Vater unser ꝛc.

℣. Lasset uns preisen Gott den Vater und den Sohn und den heiligen Geist;

℞. Lasset uns ihn loben und über Alles erheben in Ewigkeit!

℣. Herr, erhöre mein Gebet.

℞. Und laß mein Rufen zu dir kommen.

Allmächtiger, ewiger Gott, der du deinen Dienern verliehen hast, durch das Licht des wahren Glaubens die Herrlichkeit der ewigen Dreifaltigkeit zu erkennen und in der Macht der Majestät die Einigkeit anzubeten, gib uns die Gnade, daß wir in diesem Glauben beständig verharren und dadurch gegen alle Widerwärtigkeiten jederzeit beschützet werden. Durch Jesum Christum deinen Sohn ꝛc. Amen.

## 1.

Herr! Heiliger Gott! Huldvoller Schöpfer und König des Himmels und der Erde! groß sind deine Werke und unzählbar; groß und unzählbar die Wohlthaten, welche wir für unsern geringen und verweslichen Leib von Himmel und Erde, von Luft und Wasser, von Licht und Schatten, von allen Geschöpfen dieser Erde empfangen: wie groß werden erst jene Güter sein, die du Denen, die dich lieben, im himmlischen Vaterlande vorbehalten hast! Sind die Gaben so groß und unzählbar, welche du jetzt Freunden und Feinden in gleicher Weise zukommen lässest; wie süß und beseligend werden jene sein, die du deinen Freunden allein geben wirst! O Herr! mache dich auf und eile uns zu Hilfe, daß wir einstens dort deinen heiligen Namen loben und in deinem Lichte verherrlicht werden. Deffne deine Ohren dem Thränengeschrei deiner Waisen, die zu dir rufen: Vater! gib uns heute unser tägliches Brod, um durch dasselbe gestärkt fortwandeln zu können, bis wir zu deinem heiligen Berge gelangen. Wir sind schwach und finden, wenn auch das Wollen des Guten, das Vollbringen desselben nicht in uns. Wir bekennen es, daß nichtig sei unsere Kraft, und thörichte Anmaßung, uns rühmen zu wollen. Wir sind wie ein Blättchen in der großen Schöpfung, wie ein Lüftchen ist unser Erdenleben. Hab darum Nachsicht mit deinen Kindern, wenn sie fallen, und entzieh ihnen deine Hilfe nicht! Wir flehen zu deiner Barmherzigkeit: Du wollest selig

machen, o Herr! deine Geschöpfe. Gedenke der
ewigen Erbarmungen, womit du uns vom Anfange zuvorgekommen bist! Du hast uns geliebt,
ehe wir dich lieben konnten; du erschufest uns
nach deinem Bilde; ehe wir noch geboren wurden,
hast du uns schon den Weg bereitet, der zur
Herrlichkeit deines ewigen Hauses führt. Mein
ganzes Vertrauen ruht auf dir, die Fülle deiner
Erbarmungen erhebt meinen Muth, die Beweise
deiner schon erfahrenen Huld stärken meine Hoffnung, daß du mich nicht verlassen wirst. In
diesem Vertrauen, in dieser Hoffnung, in diesem
Muthe befestige mich! Amen. (St. Augustinus.)

Vater unser 2c.

## 2.

Von dir, o Vater, allmächtiger Gott und
getreuer Hüter unserer Herzen! steht nicht ge-
schrieben, daß du gesandt worden seiest, aber
von deinem Sohne wissen wir, daß er, von dir
gesandt, auf diese Welt herabgekommen sei,
geboren aus Maria der Jungfrau, wahrhaftig
Gott und Mensch in Einer Person. O heiliger,
gütiger Vater, wie groß ist deine Liebe zu uns,
da du deines einzigen Sohnes nicht schontest,
sondern ihn für uns als Lösegeld in den bittersten
Tod übergabst! Und wie unaussprechlich, o
Sohn Gottes, du mit dem Vater gleicher Gott,
ist deine Liebe, daß du gehorsam gewesen bist
für uns arme Sünder bis zum Tode des Kreuzes,
den Schuldbrief unserer Sünden an's Kreuz geheftet und ihn gelöscht und den Tod vernichtet
hast! Du bist der Sieger und das Schlachtopfer
und der ewige Hohepriester und Mittler für uns.

Unsere ganze Hoffnung ist auf dich gerichtet, der du nun wieder sitzest zur Rechten des Vaters.

Gott Vater, allmächtiger und allgütiger Gott! meine Gebrechen sind viel und groß. Der Fürst dieser Welt vermag Vieles über mich. Aber ich bitte dich, befreie mich durch unsern Erlöser, deinen Sohn, der wiedererhöhet thront in deiner Herrlichkeit. Durch ihn, den Gerecht= machenden für Alle, mache auch mich gerecht! Durch ihn, unser Haupt, befreie mich, sein ge= ringes schwaches Glied! Ich bitte, erledige mich von meinen Sünden und Vergehungen, von meiner Schuld und meinen Versäumnissen. Er= fülle mich mit dem Geiste der Tugend und stärke mich, daß ich zunehme im Guten! Bewirke in mir, daß ich zur Verherrlichung deines heiligen Namens nach deinem Willen bis zum Ende in einem vor dir untadelhaften Leben verharre. Amen. (St. Augustinus.)

Vater unser 2c.

### 3.

O Liebe des göttlichen Wesens, heilige Ge= meinschaft des allmächtigen Vaters und des seligsten Sohnes, allmächtiger Beistand, heiliger Geist, gütigster Tröster der Betrübten! Ergieß dich mit deiner starken Macht in das Innerste meines Herzens, wohne du darin und erfreue alle dunkeln Winkel dieses verwahrlosten Hauses durch den Strahl deines schimmernden Lichtes; suche mich heim und befruchte durch deinen reichlichen Gnadenthau das dürre Erdreich meiner Seele, das lange schon vertrocknet dahinschmachtet! Verwunde mit dem Pfeile deiner Liebe mein

Inneres, entzünde und durchdringe mit heilsamen Flammen das sieche Mark meines Geistes, erleuchte mich mit dem Feuer eines heiligen Eifers und verzehre alles Unlautere, das tief innerlich in meiner Seele und meinem Leibe haftet! Tränke mich mit dem Strome deiner Wonne, damit mich nicht mehr nach der giftigen Freude der Erde gelüstet! Richte mich, Herr, und scheide meine Sache von dem unheiligen Volke; lehre mich deinen Willen thun, weil du mein Gott bist! Ich glaube, daß du einen Jeden, in dem du wohnest, zum Tempel des Vaters und Sohnes machest. Selig, wer dich zum Gast erhält, weil durch dich der Vater und der Sohn bei ihm ihre Wohnstätte nehmen. Komm nun, komm, gütigster Tröster der trauernden Seele, Schützer und Helfer im Glück und in der Bedrängniß! Komm, du Stütze der Gebrechlichen, du Aufhelfer der Fallenden! Komm, Lehrer der Demüthigen, du Zernichter der Stolzen! Komm, liebreicher Vater der Waisen, du süßer Anwalt der Wittwen, Hoffnung der Armen, Erquicker der Kranken, der Schiffenden Leitstern und Hafen der Schiffbrüchigen, aller Lebenden einzige Zierde, aller Sterbenden einziges Heil! Komm, heiliger Geist, komm und erbarme dich meiner, gestalte mich nach deinem Wohlgefallen, laß dich gnädig zu mir herab, damit meine Niedrigkeit deiner Größe, meine Schwachheit deiner Stärke nach der Fülle deiner Erbarmungen gefalle! Durch Jesus Christus, meinen Erlöser, der mit dem Vater in deiner Einheit lebt und regiert in Ewigkeit. Amen. (St. Augustinus.)

Vater unser ꝛc.

## Gesänge.

### I. *)

1. Vater, ew'ger Gott der Zeiten,
    Dessen Werk die Schöpfung ist,
    O, wir fühlen es mit Freuden,
    Daß du unser Vater bist.
    :,: Auf dich können wir vertrauen;
    Schütze uns, wenn Elend droht,
    Send' uns Hilf' in jeder Noth! :,:

2. Sohn des Vaters, der gekommen,
    Uns zu retten, in die Welt!
    Du hast Fluch und Tod genommen,
    Dich als Mittler selbst gestellt.
    :,: Laß dein Leiden und dein Sterben
    An uns nicht verloren sein,
    Mache uns von Sünden rein! :,:

3. Geist vom Vater und dem Sohne!
    Geist der Liebe! Trost und Licht!
    Neige dich von deinem Throne,
    O, verlaß uns Arme nicht!
    :,: Wohne stets in unsern Herzen,
    Ströme Kraft und Himmelsruh'
    Uns in bangen Stunden zu! :,:

### II.

1. Sei gelobt und hochgepriesen,
    Heiligste Dreifaltigkeit!
    Sieh, wir fallen dir zu Füßen
    In dem Geist der Bitterkeit.

---

*) Mel.: Sei gelobt und hochgepriesen 2c.

:,: Aus der Tiefe zu dir rufen
Wir bedrängte Kinder dein:
Wollst auch unser Vater sein. :,:

2. Voll der Andacht wir erscheinen
Hier vor deinem Gnadenthron,
Alle Sünden wir beweinen,
Ach, mit Strafen uns verschon'!
:,: Aus der Tiefe 2c.

3. Voll der Hoffnung, mit Vertrauen
Fliehen wir zu deinem Schooß,
Wollest gnädig niederschauen,
Deine Kinder nicht verstoß'!
:,: Aus der Tiefe 2c.

4. Ach, laß unsre Thränen reden
In der leidensschweren Zeit,
Tröste uns in allen Nöthen,
Stets zu helfen sei bereit!
:,: Aus der Tiefe 2c.

5. Unser Bitten, Beten, Singen
Laß, o Gott, gefallen dir,
Laß das Seufzen zu dir dringen,
Oeffne uns die Gnadenthür!
:,: Aus der Tiefe 2c.

6. Zu dir neigen wir die Herzen,
Vor dir beugen wir das Knie,
Alle harren unter Schmerzen
Deiner Hilfe spät und früh.
:,: Aus der Tiefe 2c.

7. Zürnst du, Vater, über Sünder,
O, so schaue gnädig an

Unschuld und Gebet der Kinder,
　　Sieh, was dich versöhnen kann!
:,: Aus der Tiefe 2c.

8.　Sieh, mit ausgestreckten Armen
　　Rufen Alle groß und klein,
　　Wollst dich, großer Gott, erbarmen,
　　Unsre Hilf' im Elend sein!
　:,: Aus der Tiefe 2c.

9.　Laß nicht ohne Trost uns scheiden,
　　Heiligste Dreifaltigkeit!
　　Laß uns deine Hilf' begleiten
　　Bis in's Haus der Ewigkeit!
　:,: Aus der Tiefe 2c.

10.　Zu dir rufen wir ingleichen,
　　Mutter der Barmherzigkeit!
　　Wollest deine Hand uns reichen
　　Jetzo und zu jeder Zeit.
　:,: Aus der Tiefe zu dir rufen
　　Wir bedrängte Kinder dein:
　　Wollst doch unsre Mutter sein. :,:

11.　Höre gnädig unser Flehen,
　　O Maria, steh' uns bei!
　　Trag' es hin zu Gottes Höhen,
　　Mach' uns von dem Elend frei!
　:,: Aus der Tiefe 2c.

12.　Bitt' bei Gott für uns hiernieden,
　　Wende Theu'rung, Krankheit ab,
　　Schicke uns den lieben Frieden
　　Von dem Himmel stets herab!
　:,: Aus der Tiefe 2c.

# Andacht zum heiligsten Namen Jesu.

## Gebete.

### Litanei.

Herr, erbarme dich unser!

Christe, erbarme dich unser!

Herr, erbarme dich unser!

Jesu Christe, höre uns!

Jesu Christe, erhöre uns!

Gott Vater vom Himmel,

Gott Sohn, Erlöser der Welt,

Gott heiliger Geist,

Heilige Dreifaltigkeit, ein einiger Gott,

Jesu, du Sohn des lebendigen Gottes,

Jesu, du Abglanz des Vaters,

Jesu, du reiner Glanz des ewigen Lichtes,

Jesu, du König der Herrlichkeit,

Jesu, du Sonne der Gerechtigkeit,

Jesu, du Sohn der Jungfrau Maria,

Du liebenswürdiger Jesu,

Du wunderbarer Jesu,

Jesu, du starker Gott,

Jesu, du Vater der zukünftigen Ewigkeit,

Jesu, du Verkündiger des großen Rath=
schlusses,

Jesu, du Mächtigster,

Jesu, du Geduldigster,

Jesu, du Gehorsamster,

Jesu, sanft und demüthig von Herzen,

Jesu, du Liebhaber der Keuschheit,

Jesu, du Liebhaber des Menschengeschlechts,

*Erbarme dich unser!*

Jesu, du Gott des Friedens,
Jesu, du Urheber des Lebens,
Jesu, du Vorbild der Tugenden,
Jesu, du Eiferer der Seelen,
Jesu, du unser Gott,
Jesu, du unsere Zuflucht,
Jesu, du Vater der Armen,
Jesu, du Schatz der Gläubigen,
Jesu, du guter Hirt,
Jesu, du wahres Licht,
Jesu, du ewige Weisheit,
Jesu, du unendliche Güte,
Jesu, du unser Weg und Leben,
Jesu, du Freude der Engel,
Jesu, du König der Patriarchen,
Jesu, du Meister der Apostel,
Jesu, du Lehrer der Evangelisten,
Jesu, du Stärke der Martyrer,
Jesu, du Licht der Bekenner,
Jesu, du Reinigkeit der Jungfrauen,
Jesu, du Krone aller Heiligen,

*Erbarme dich unser!*

Sei uns gnädig!  Verschone uns, o Jesu!
Sei uns gnädig!  Erhöre uns, o Jesu!

Von allem Uebel
Von aller Sünde
Von deinem Zorne
Von den Nachstellungen des Teufels
Vom Geiste der Unlauterkeit
Von dem ewigen Tode
Von der Vernachlässigung deiner Einsprechungen
Durch das Geheimniß deiner heiligen Menschwerdung

*Erlöse uns, o Jesu!*

Durch deine Geburt

Durch deine Kindheit

Durch dein göttliches Leben

Durch deine Mühen und Arbeiten

Durch deinen Todeskampf und dein Leiden

Durch dein Kreuz und deine Verlassenheit

Durch deine Todesschwächen

Durch deinen Tod und dein Begräbniß

Durch deine Auferstehung

Durch deine Himmelfahrt

Durch deine Freuden

Durch deine Herrlichkeit

} Erlöse uns, o Jesu!

O du Lamm Gottes, welches du hinnimmst die Sünden der Welt! Verschone uns, o Jesu!

O du Lamm Gottes ꝛc. ꝛc. Erhöre uns, o Jesu!

O du Lamm Gottes ꝛc. ꝛc. Erbarme dich unser, o Jesu!

Jesu Christe, höre uns!

Jesu Christe, erhöre uns!

Vater unser ꝛc.

### Laßt uns beten.

O Herr Jesus Christus, der du gesagt hast: „Bittet und ihr werdet empfangen; suchet und ihr werdet finden; klopfet an und es wird euch aufge= than werden"; wir bitten dich, gib uns auf unser Flehen den Geist deiner göttlichen Liebe, damit wir dich mit ganzem Herzen, in Wort und That lieben, und nimmermehr von deinem Lobe ablassen.

Laß uns, o Herr, deinen heiligen Namen immerdar fürchten und lieben, weil du niemals Denen deine Leitung entziehst, die du in deiner Liebe befestigest. Durch Jesum Christum deinen

Sohn, unsern Herrn, der mit dir in Einigkeit des heiligen Geistes lebt und regiert, Gott von Ewigkeit zu Ewigkeit. Amen.

## 1.

Glorwürdigster Name über alle Namen! wenn ich Jesus ausspreche, verschwindet meine Traurigkeit, mein Gemüth erheitert sich, mein Herz frohlocket, meine bösen Begierden und Gelüste werden ruhig, meine Seele erfreuet sich. O Jesu! sei meinem Geiste, meinem Herzen und meinem Munde eingeprägt, damit ich auf nichts denke, als auf dich, Niemand liebe, als nur dich, von Niemand rede, als allein von dir. O Name Jesu! ich bete dich an als einen Namen der allerheiligsten Herrlichkeit; ich liebe dich als einen Namen der Lieblichkeit; ich rufe dich an als einen Namen der Gewalt. O süßer Jesu! dein Name sei mir ein Name über alle Namen im Leben und im Tode. Amen. — Vater unser 2c.

## 2.

O guter, o mildester, o süßester Jesus, o Jesus, du Sohn der Jungfrau Maria, voll der Erbarmung und Liebe! O holdseliger Jesus, nach deiner großen Barmherzigkeit erbarme dich meiner! O gnädigster Jesus, ich bitte dich durch jenes kostbare Blut, welches du für uns Sünder vergießen wolltest, daß du mich von allen meinen Sünden reinigest! O blick' auf mich Armen und Unwürdigen, der ich in Demuth um Verzeihung flehe und diesen deinen heiligen Namen Jesus anrufe! O Name Jesus, du süßer, du

erfreulicher, du tröſtlicher Name! Denn was
heißt Jeſus anders, als Heiland und Erretter?
So ſei mir denn, o Jeſus! um deines heiligen
Namens willen ein Jeſus, und errette mich; laß
mich nicht verdammt werden, nachdem du mich
aus Nichts geſchaffen haſt.

O guter Jeſus, laß nicht zu, daß meine
Sünden mich verderben, da deine Güte mich
erſchaffen hat! O ſüßer Jeſus, ſieh das in mir
an, was dein iſt, und nimm Alles von mir,
was dir nicht angehört! O gnädigſter Jeſus,
erbarme dich meiner, ſo lange noch die Zeit des
Erbarmens iſt; o verdamme mich nicht am Tage
des Gerichtes! Und was ſoll dein Blut mir
nützen, wenn ich hinabfahren ſollte in den ewi=
gen Tod? Nicht die Todten loben dich, Herr
Jeſus! noch Jene, die in die Hölle fahren.
O liebwürdigſter, o erſehnteſter, o mildeſter
Jeſus! O Jeſus! laß mich eintreten in die Zahl
deiner Auserwählten! O Jeſus, du Heil Derer,
die an dich glauben! Du Troſt Derer, die zu
dir flüchten! Du ſüßer Vergeber aller Sünden!
O Jeſus, du Sohn der Jungfrau Maria, gieß
mir Gnade, Weisheit, Liebe, Keuſchheit und
Demuth ein, damit ich vollkommen dich lieben
und loben, dich genießen, dir dienen und in
dir mich rühmen kann in Vereinigung mit Allen,
die dieſen heiligen Namen anrufen, der da heißt:
Jeſus! Amen.                    (St. Bernardus.)

Vater unſer 2c.

### 3.

O Jeſus, du liebreichſter, vollkommenſter,
du huldvollſter, reichſter, erhabenſter König des

Himmels, gegenwärtig hier unter den Gestalten des Brodes, du bist die Liebe und Anbetung aller Wesen! O du Leben meiner Seele, das du gestorben bist, damit ich leben möchte, und sterbend den ewigen Tod ertödtet hast! ertödte alles Unheilige in mir; vertilge alle meine bösen Triebe, meinen Eigenwillen, und was immer mir Schranken setzen kann, daß ich vollkommen in dir lebe. Und nach einem solchen Tode er= wecke mich zu einem neuen Leben in deiner Liebe und deinem Gehorsam, daß ich immer deine Gebote und die Gebote Derjenigen, die du mir vorgesetzt hast, mit aller Treue befolge und un= abläſſig deinen Willen thue! O gütigſter Jeſu! verleihe mir die Gnade, daß ich alle meine Sün= den verabscheue, vor aller Gottlosigkeit zurückbebe und von ganzem Herzen mich zu dir wende; denn in dir allein ſind meine Gedanken und Wünſche vereinigt; in dir lebt mein Gedächtniß, mein Verſtand, mein Wille und jede Kraft meiner Seele. Jeſus — Alles in Allem! Amen.

(Ludwig von Granada.)

Vater unſer ꝛc.

## Geſang. *)

Beim frühen Morgenlicht
Erwacht mein Herz und ſpricht:
   Gelobt ſei Jeſus Chriſtus.
Die Feierglocke ſchallt
Mit heiliger Gewalt:
   Gelobt ꝛc.

---

*) Eigene Melodie.

Was tönt der schönste Klang?
Der lieblichste Gesang?
    Gelobt ꝛc.
In Gottes heil'gem Haus
Sprech' ich vor Allem aus:
    Gelobt ꝛc.

Ihm, meinem höchsten Gut,
Sing' ich in Liebesgluth:
    Gelobt ꝛc.
Bei jedem Anbeginn
Ruf' ich mit Herz und Sinn:
    Gelobt ꝛc.

Und was mein Werk auch sei,
Ich spreche froh dabei:
    Gelobt ꝛc.
Die schönsten Früchte bringt
Das Herz, das freudig singt:
    Gelobt ꝛc.

Bei Speise und bei Trank
Ist dieß mein frommer Dank:
    Gelobt ꝛc.
So sing' ich früh und spät
Bei Arbeit und Gebet:
    Gelobt ꝛc.

Nie wecket Ueberdruß
Der wundersüße Gruß:
    Gelobt ꝛc.
Wenn Traurigkeit mich plagt,
So ruf' ich unverzagt:
    Gelobt ꝛc.

Ist mir die Welt erbost,
So gibt das Lied mir Trost:
   Gelobt ꝛc.
In Noth und bitterm Schmerz
Sing' ich mit Mund und Herz:
   Gelobt ꝛc.

Bedrückt mit Sündenschuld
Seufz' ich zu Jesu Huld:
   Gelobt ꝛc.
Die Macht der Hölle flieht
Vor diesem süßen Lied:
   Gelobt ꝛc.

Das lieblichste Getön
Ist in des Himmels Höh'n:
   Gelobt ꝛc.
Des Vaters ew'gem Wort
Ertönet ewig fort:
   Gelobt ꝛc.

Ihr Menschenkinder all'
Singt laut in Jubelschall:
   Gelobt ꝛc.
Rings auf dem Erdenkreis
Ertöne ihm zum Preis:
   Gelobt ꝛc.

Und bei des Tages Schluß
Sei dieß der letzte Gruß:
   Gelobt ꝛc.
Die Finsterniß wird Licht,
Wenn fromm die Zunge spricht:
   Gelobt ꝛc.

Mein Herz, das schlummernd wacht,
Seufzt in der tiefen Nacht:
   Gelobt ꝛc.
Ja, meine Seele spricht
Noch, wenn das Herz schon bricht:
   Gelobt ꝛc.

# Andacht zum heiligsten Herzen Jesu.

## Gebete.

### Litanei.

Herr, erbarme dich unser!
Christe, erbarme dich unser!
Herr, erbarme dich unser!
Christe, höre uns!
Christe, erhöre uns!
Gott, himmlischer Vater,
Gott Sohn, Erlöser der Welt,
Gott, heiliger Geist,
Heiligste Dreifaltigkeit, ein einiger Gott,
Jesu, sanft und demüthig von Herzen,
Jesu, dessen Herz voll der Liebe gegen alle
  Menschen ist,
Jesu, dessen Herz das größte Mitleid gegen
  alles menschliche Elend trägt,
Jesu, dessen Herz die größte Langmuth mit
  uns sündigen Menschen hat,
Jesu, dessen Herz mit der größten Sorgfalt
  für unser Heil erfüllt ist,
Jesu, dessen Herz die Quelle alles Heiles
  für uns ist,
Jesu, dessen Herz die größte Schmach erduldete,

*Erbarme dich unser!*

Jesu, dessen Herz die größten Leiden ausstand,
erbarme dich unser!

Jesu, dessen Herz sich am Kreuze aus Liebe zu
uns durchbohren ließ, erbarme dich unser!

Jesu, dessen Herz wir umfassen, erbarme dich
unser!

Wir arme Sünder,

Daß wir eines reinen Herzens seien,

Daß wir Gott von ganzem Herzen lieben,

Daß unser Herz nur auf himmlische Güter
gerichtet sei,

Daß wir nichts Arges in unseren Herzen
denken,

Daß wir ein sanftes und demüthiges Herz
haben,

Daß wir das Wort Gottes in unsere Herzen aufnehmen und darin bewahren,

Daß aus unseren Herzen keine bösen Gedanken und Begierden sich erheben,

Daß wir ein liebevolles Herz gegen alle
Menschen haben,

Daß wir unseren Feinden vom Herzen verzeihen,

Daß wir Alle Ein Herz und Eine Seele
unter einander seien,

Daß wir gegen die göttliche Gnade unsere
Herzen nicht verhärten,

Daß unsere Herzen zur wahren Buße bekehrt
werden,

Daß unsere Herzen sich in Gott erfreuen
mögen,

Daß der heilige Geist Glaube, Hoffnung und
Liebe in unsere Herzen ausgießen möge,

Daß nur Jesus in unseren Herzen leben möge,
wir bitten dich, erhöre uns, o Jesu!

Daß unsere Herzen sich bei Jesus ewig im Himmel
erfreuen mögen, wir bitten dich, erhöre uns,
o Jesu!

O du Lamm Gottes 2c., verschone uns, o Jesu!

O du Lamm Gottes 2c., erhöre uns, o Jesu!

O du Lamm Gottes 2c., erbarme dich unser, o Jesu!

Christe, höre uns!

Christe, erhöre uns!

Vater unser 2c.

Sei gegrüßt, du allerheiligstes Herz Jesu
Christi, du Brunnen und Ursprung aller Gnaden,
das du, mit Bitterkeit ganz erfüllt, liebend für
uns am Kreuze gebrochen bist! In dir verberge
ich mich, in dir verschließe ich mich, dir befehle
ich mich ganz und gar, mit Leib und Seele,
jetzt und allzeit, besonders aber in der Stunde
meines Todes. Amen.

## 1.

O heiligstes Herz Jesu! ich erwähle dich zum
einzigen Gegenstande meiner Liebe, zum Beschützer
meines Lebens, zur Sicherheit meines Heiles, zur
Stütze in meiner Schwachheit und zum Ersatze
für alle Fehler meines ganzen Lebens. O Herz
der Milde und Güte! sei du auch meine sichere
Zufluchtsstätte in der Stunde meines Todes; sei
du meine Rechtfertigung vor Gott und wende
die Strafe seines gerechten Zornes von mir ab.
O Herz der Liebe! auf dich setze ich mein Ver=
trauen; von meiner Bosheit fürchte ich Alles,
aber von deiner Güte hoffe ich auch Alles.

Vertilge denn in mir Alles, was dir mißfallen oder widerstehen kann! Deine reine Liebe präge sich so tief in mein Herz ein, daß ich dich niemals vergessen, von dir niemals getrennt werden kann. Göttliches Herz! ich bitte dich flehentlich bei deiner unendlichen Güte, daß mein Name tief in dir eingegraben bleibe, denn in deinem Dienste will ich leben und sterben. Amen.

(Marg. M. Alacoque.)

Vater unser 2c.

## 2.

Ich bete dich an, o göttliches Herz Jesu, du unerschöpflicher Quell aller Barmherzigkeit und Gnaden, höchstes Wunder der Allmacht, Güte und Weisheit Gottes, Thron der heiligen Liebe, einzig würdiges Opfer, das die allerhöchste göttliche Gerechtigkeit zu sühnen vermag! In tiefster Ehrfurcht meines Herzens sinke ich nieder vor dir, erkenne deine erhabenste Würde, die die Anbetung aller himmlischen Geister verdient, und vereinige mich mit ihnen, um dich zu preisen und aus ganzer Seele zu verherrlichen. O heiliges Herz meines Erlösers, das du dem ewigen Worte wesentlich und unauflöslich vereint, alle seine ewigen und unaussprechlichen Vollkommenheiten in dir erfassest, und dadurch selbst die Liebe und ewige Wonne der heiligsten Dreieinigkeit bist, zu dir flehe ich, dir opfere ich mich auf, deiner Ehre und Verherrlichung weihe ich Alles, was ich bin und habe, für nun und immer! Verleihe mir, o süßestes Herz! Worte, dich würdig zu loben, ein Herz, dich würdig zu lieben, und nimm mich barmherzig zu deinem

Brandopfer auf, das in lebendigen Liebesflammen für dich glühet in Zeit und Ewigkeit. Amen. (St. Gertrudis.)

Vater unser ꝛc.

### 3.

Sei gegrüßt, o heiligstes Herz Jesu, du lebendige und lebendigmachende Quelle des ewigen Lebens, unendlicher Schatz der Gottheit, brennendes Feuer der göttlichen Liebe! Du bist der Ort meiner Ruhe und meine sichere Zuflucht, o mein liebenswürdigster Erlöser! Entzünde mein Herz mit jener brennenden Liebe, welche dein Herz ganz verzehrt! Gieß jene himmlischen Gnaden, deren Quelle dein Herz ist, in mein Herz aus! Vereinige mein Herz so eng mit deinem Herzen, daß dein Wille auch der meinige werde, und daß der meinige sich allzeit nach dem deinigen richte, denn ich verlange weiter Nichts, als daß in Zukunft dein heiliger Wille die einzige Richtschnur aller meiner Begierden und aller meiner Werke sein möge. Amen. (St. Gertrudis.)

Vater unser ꝛc.

### Gesang.*)

O Jesu Herz, was kann dir gleichen,
Was deine große Lieb' erreichen,
 Du eingeborner Gottessohn!
Die Erde lag in Sündenketten,
Und von den Banden sie zu retten,
 Stiegst du von deinem ew'gen Thron.

---

*) Eigene Melodie.

O Jesu Herz, voll Liebesgluthen!
Du wolltest selbst für uns verbluten
 Am schmachbedeckten Kreuzaltar;
In jedem Tropfen, der geflossen,
Der rosenfarbig sich ergossen,
 Strahlt deine Liebe wunderbar.

O Jesu Herz, voll zarter Sorgen,
Hier unter Brodsgestalt verborgen!
 Willst, daß wir nicht verloren geh'n,
Dich selber uns zur Speise geben,
Zum Troste und zur Kraft im Leben,
 Und wenn im Todeskampf wir steh'n.

O Jesu Herz, drück' deine Liebe,
Drück' alle göttlich schönen Triebe
 In unsre lauen Herzen ein,
Daß auch wie du wir alle lieben,
Nach deinem Beispiel Gutes üben
 Und einstens uns des Himmels freu'n!

---

# Andacht zur heiligen Mutter Gottes.

## Gebete.

### Litanei.

Herr, erbarme dich unser!
Christe, erbarme dich unser!
Herr, erbarme dich unser!
Christe, höre uns!
Christe, erhöre uns!
Gott himmlischer Vater, erbarme dich unser!

Gott Sohn, Erlöser der Welt, erbarme dich
 unser!

Gott heiliger Geist, erbarme dich unser!

Heiligste Dreifaltigkeit, ein einiger Gott, erbarme
 dich unser!

Heilige Maria,
Heilige Gottesgebärerin,
Heilige Jungfrau aller Jungfrauen,
Mutter Christi,
Mutter der göttlichen Gnade,
Du reinste Mutter,
Du keuscheste Mutter,
Du jungfräuliche Mutter,
Du unbefleckte Mutter,
Du liebliche Mutter,
Du wunderbare Mutter,
Du Mutter des Schöpfers,
Du Mutter des Erlösers,
Du weiseste Jungfrau,
Du ehrwürdige Jungfrau,
Du lobwürdige Jungfrau,
Du mächtige Jungfrau,
Du gütige Jungfrau,
Du getreue Jungfrau,
Du Spiegel der Gerechtigkeit,
Du Sitz der Weisheit,
Du Ursache unserer Fröhlichkeit,
Du geistiges Gefäß,
Du ehrwürdiges Gefäß,
Du vortreffliches Gefäß der Andacht,
Du geistige Rose,
Du Thurm Davids,
Du elfenbeinerner Thurm,

Bitt' für uns!

Du goldenes Haus,
Du Arche des Bundes,
Du Pforte des Himmels,
Du Morgenstern,
Du Heil der Kranken,
Du Zuflucht der Sünder,
Du Trösterin der Betrübten,
Du Hilfe der Christen,
Du Königin der Engel,
Du Königin der Patriarchen,
Du Königin der Propheten,
Du Königin der Apostel,
Du Königin der Martyrer,
Du Königin der Bekenner,
Du Königin der Jungfrauen,
Du Königin aller Heiligen,
Du Königin, ohne Makel der Erbsünde
   empfangen,

} Bitt' für uns!

O du Lamm Gottes, das hinwegnimmt die
   Sünden der Welt, verschone uns, o Herr!

O du Lamm Gottes, das hinwegnimmt die
   Sünden der Welt, erhöre uns, o Herr!

O du Lamm Gottes, das hinwegnimmt die Sün=
   den der Welt, erbarme dich unser, o Herr!

Christe, höre uns!

Christe, erhöre uns!

   Vater unser 2c.

   Unter deinen Schutz und Schirm fliehen wir,
o heilige Gebärerin Gottes! Verschmähe nicht
unser Gebet in unseren Nöthen, sondern erlöse
uns jederzeit von allen Gefährlichkeiten, o du
glorwürdige und gebenedeite Jungfrau! Unsere
Frau, unsere Mittlerin, unsere Fürsprecherin!

Versöhne uns mit deinem Sohne, befiehl uns deinem Sohne, stelle uns vor deinem Sohne!

V. Bitt' für uns, o heilige Gottesgebärerin!

R. Auf daß wir würdig werden der Verheißungen Christi.

Wir bitten dich, o Herr! du wollest deine Gnade in unsere Herzen eingießen: daß, die wir durch die Botschaft des Engels die Menschwerdung Christi deines Sohnes erkannt haben, durch sein Leiden und Kreuz zur Herrlichkeit und Glorie der Auferstehung geführt werden. Durch denselben Christum unsern Herrn. Amen.

V. Bitt' für uns, o allerseligster Joseph!

R. Auf daß wir würdig werden der Verheißungen Christi.

Wir bitten dich, o Herr! laß in Ansehung der Verdienste des heiligen Joseph, des Bräutigams Mariens, deiner Mutter, uns deine Hilfe zu Theil werden, damit, was wir aus unseren Kräften nicht vermögen, dasselbe uns durch seine Fürbitte geschenkt werde. Der du lebest und regierest mit Gott dem Vater in Einigkeit des heiligen Geistes, Gott von Ewigkeit zu Ewigkeit. Amen.

(Am Feste der unbefleckten Empfängniß Mariä.) O Gott, der du durch die unbefleckte Empfängniß der allerseligsten Jungfrau deinem Sohne eine würdige Wohnung bereitet hast: verleih uns durch ihre Fürbitte, daß wir dir, der du sie von jeder Makel behütet hast, getreulich unser Herz und unseren Leib unbefleckt bewahren mögen. Durch ebendenselben Herrn Jesum Christum, deinen Sohn, der mit dir in Einigkeit des heiligen Geistes als Gott lebt und regiert von Ewigkeit zu Ewigkeit. Amen.

(Am Feste Mariä Reinigung.) Allmächtiger, ewiger, höchster Gott! wir bitten flehentlich deine Majestät, mache, daß, wie am heutigen Tage dein eingeborner Sohn in der Natur unseres Fleisches im Tempel dir dargestellt worden ist, so auch wir uns mit gereinigtem Herzen dir zum Opfer bringen. Durch denselben Jesum Christum unsern Herrn. Amen.

(Am Feste Mariä Verkündigung.) O Gott! der du bei der Botschaft des Engels deinen Sohn aus dem Schooße der seligen Jungfrau Maria hast Fleisch annehmen lassen, gewähre uns auf unser Bitten, daß wir, die wir an sie als die wahrhafte Gottesgebärerin glauben, bei dir durch ihre Fürsprechungen unterstützt werden. Durch denselben Jesum Christum unsern Herrn. Amen.

(Am Feste Mariä Himmelfahrt.) Wir bitten dich, o Herr! verzeihe deinen Dienern ihre Vergehungen, damit wir, die wir nach unserm Thun dir nicht gefallen können, durch die Fürsprache der Gebärerin deines Sohnes, unseres Herrn, zur Seligkeit gelangen, der mit dir lebt und regiert von Ewigkeit zu Ewigkeit. Amen.

(Am Feste Mariä Geburt.) Wir bitten dich, o Herr! ertheile deinen Dienern das Geschenk der himmlischen Gnade, damit uns, denen der von der seligen Jungfrau Geborene der Anfang des Heiles geworden ist, die fromme Feier ihrer Geburt Wachsthum des Friedens verleihe. Durch Jesum Christum unsern Herrn. Amen.

(Am Tage Mariä Schmerz.) O Gott! bei dessen Leiden die zarteste Seele der glorreichen Jungfrau und Mutter Maria nach Simeons Weissagung das Schwert des Schmerzens durchdrang; verleihe uns die Gnade, daß wir, die wir die Verwundung ihres mütterlichen Herzens ehren und das Andenken ihrer Leiden mit Andacht feiern, durch die Verdienste und Fürbitte aller jener Heiligen, welche treu bei deinem Kreuze standen, der seligen Wirkungen deines Leidens theilhaftig werden, der du lebest und regierest von Ewigkeit zu Ewigkeit. Amen.

## 1.

Sei gegrüßt, du Königin der Barmherzigkeit, Herrin der Welt, Königin des Himmels, Jungfrau der Jungfrauen, Heilige der Heiligen, Licht der Blinden, Herrlichkeit der Gerechten, Hoffnung der Sünder, Trost der Verzweifelnden, Stärke der Schwachen, Heil der Welt, Spiegel der vollkommensten Reinigkeit! Deiner Liebe kommt es zu, die Gnade, die du selbst bei Gott gefunden hast, der Welt zu offenbaren, den Schuldigen Verzeihung, Arznei den Kranken, den Kleinmüthigen Stärke, den Betrübten Trost und Hilfe den Gefahrlaufenden durch deine heilige Fürbitte zu erwirken! Laß uns durch dich einen Zutritt zu deinem Sohne haben, o du gebenedeite Gnadenfinderin, du Gebärerin des Lebens, du Mutter des Heils! damit uns Der durch dich aufnehme, welcher durch dich uns gegeben worden ist. Deine Unschuld wolle bei ihm die Schuld unserer Uebertretung entschuldigen, deine gott-

gefällige Demuth uns Verzeihung wegen unseres
Hochmuths erlangen! Deine überfließende Liebe
wolle die Menge unserer Sünden bedecken, und
deine glorreiche Fruchtbarkeit mehre in uns die
Fruchtbarkeit an Verdiensten.

O unsere Frau, unsere Mittlerin, unsere
Fürsprecherin, versöhne uns mit deinem Sohne;
empfiehl uns deinem Sohne; stelle uns vor
deinem Sohne! Erwirk', o du Gebenedeite,
durch die Gnade, die du gefunden, durch den
Vorzug, den du verdient, durch die Barmherzigkeit, die du geboren hast, daß Derjenige, welcher
durch deine Mitwirkung an unserer Schwachheit
und unserem Elende theilgenommen hat, nunmehr
auch durch deine Fürbitte uns an seiner Glorie
und Seligkeit theilnehmen lasse: Jesus Christus,
dein Sohn, unser Herr, der über Alles gepriesen
ist in Ewigkeit! Amen.                     (St. Bernardus.)

Vater unser ꝛc.

## 2.

O unbefleckte und vollkommen reine Jungfrau
Maria, Mutter Gottes, Königin der Welt! Du
bist die Freude der Heiligen, die Friedensstifterin
zwischen Gott und den Sündern, die Fürsprecherin
der Verlassenen, ein sicherer Hafen für die Schiffbrüchigen. Du bist der Trost der Menschen,
das Lösegeld der Sklaven, die Wonne der Betrübten, das Heil der ganzen Welt. O große
Königin! wir fliehen unter deinen Schutz. Du
bist unsere Hoffnung, allertreueste Jungfrau!
O Maria unsere Gebieterin! Nach Gott setzen
wir all unser Vertrauen auf dich. Wir tragen
den Namen deiner Diener: laß also nicht zu,

daß der böse Feind uns mit sich in die Hölle
reiße! Gegrüßet seist du, beste Fürsprecherin,
Mutter unsers Herrn Jesu Christi, Gegenstand
der Liebe deines Gottes und aller Menschen!
Ehre und Preis sei dir mit deinem gebenedeiten
Sohne, der mit dem Vater und dem heiligen
Geiste gleicher Gott regiert von Ewigkeit zu
Ewigkeit. Amen.                    (St. Ephrem.)

Vater unser ꝛc.

### 3.

Gedenke, o gütigste Jungfrau Maria! daß
es noch niemals erhört worden, daß Jemand,
der zu dir seine Zuflucht nahm, deinen Beistand
anrief, um deine Fürbitte flehte, von dir verlassen worden sei. Beseelt von diesem Vertrauen,
nehme ich meine Zuflucht zu dir, o Jungfrau
der Jungfrauen, Maria, Mutter Jesu Christi!
Zu dir komme ich, zu dir eile ich, vor dir stehe
ich als sündiger Mensch seufzend und zitternd da.
O Gebieterin der Welt! Mutter des ewigen
Wortes! verschmähe doch nicht meine Worte,
sondern höre mich gnädig an und erhöre mich
Armseligen, der ich aus diesem Thale der Thränen
zu dir um Hilfe rufe. Steh mir bei in allen
meinen Nöthen, jetzt und allzeit, besonders in
der Stunde meines Todes, o gütige, o milde,
o süße Jungfrau Maria! Amen.
                              (St. Bernardus.)

Vater unser ꝛc.

### 4.

O Maria, sei gegrüßt, du meine beste Mutter,
du Vorbild der liebenswürdigsten Reinigkeit und
jeder himmlischen Tugend! — O Maria, wie

lieblich ist dein Name; süß wie Honigseim den
Lippen und holdselig den Ohren wie Saitenklang!
O Maria, du leuchtender Meeresstern, ich bitte
dich durch die Kraft deines heiligen Namens,
sei mir ein hellleuchtender Stern auf dem gefahr=
vollen Meere dieser Welt! So oft ich deinen
Namen anrufe, verscheuche von mir alle heftigen
Versuchungen, wende ab alles Unheil und Un=
glück! Dein heiliger Name sei mir eine Leuchte
in der Finsterniß, der Schrecken meiner Feinde,
ein starker Schild in meinen Kämpfen, ein
Trost in meinen Widerwärtigkeiten, eine Hilfe
in meinen Nöthen, eine Stärke in meiner
Schwachheit, eine Zuflucht in meinen Anliegen,
der Rath in meinen Zweifeln und endlich mein
letztes Wort in der Stunde meines Todes!
Amen. (P. Flucke d. G. J.)

Vater unser 2c.

### 5.

Beschirme mich, süßeste Jungfrau, unter dem
Schatten deiner Flügel, und dein holdseliger
Name soll in Ewigkeit nicht von meinem Munde
und Herzen weichen!

Dein Geist, o Maria! ist süßer als Honig,
und der Besitz deiner Liebe ist über Gold und
Edelgestein.

Ach, daß meine Seele die Süße deiner Liebe
empfinden und immerdar mit deinem Lobe sich
beschäftigen möchte, denn du bist nächst Gott
mein einziger Trost!

O Frau, erbarme dich meiner Seele, die nach
dir seufzt, sieh mich an und eile mir zu helfen!

Erwirke mir die Gnade, daß ich stets in dir

mich erfreuen und nach diesem Elende in deiner Herrlichkeit dich schauen möge!

Wie ein Kind nach seiner Mutter Schooße, also verlangt meine Seele nach dir; o verschmähe mich nicht, du Mutter der Barmherzigkeit!

Wer sollte dich nicht lieben, du Königin der Herzen und du Mutter heiliger Liebe? Nimm auf mein Herz, du liebe Mutter, und reiche es mit deinen reinsten Händen deinem liebsten Sohne! Ich erfreue mich und ich frohlocke, seligste Jungfrau! daß dich Gott mehr liebt, als alle seine Werke.

Alle sollen auf dich hoffen, die deinen Namen kennen, glorreiche Jungfrau, weil du Keinen verlässest, der auf dich hofft!

Dein glorreiches Angesicht erscheine mir in meinen letzten Nöthen, und dein milder Trost, o gütige Mutter, erquicke meine Seele, wenn sie scheiden soll in der letzten Stunde! Amen.

(Cardinal Bona.)

Vater unser 2c.

6.

O selige Maria, wer vermöchte dir gebührenden Dank und würdiges Lob zu erstatten, da du durch deine besondere Einwilligung der verlornen Welt zu Hilfe kamst! Welches Lob soll dir die Gebrechlichkeit des Menschengeschlechtes entrichten, da seine Schwachheit immer durch deine Mitwirkung die Thüre zur Wiedergewinnung des Heiles gefunden hat? Nimm denn unsern Dank, wie gering und unwürdig deiner Verdienste er auch sei, huldreich an und entschuldige durch deine Fürbitten unsere Schulden! Laß unser

Flehen zum Heiligthume deiner Erhörung gelangen, und bring uns von da das Heiligthum
der Versöhnung! Erwirf' uns Verzeihung in
Allem, um was wir flehen, erlang' uns Hilfe
aus allen Nöthen, in denen wir zuversichtlich
dich anrufen! So nimm, was wir dir bieten;
schenke, um was wir bitten; befreie uns von
Allem, was wir fürchten, da du ja die einzige
Hoffnung der Sünder bist! Durch dich hoffen
wir Verzeihung der Sünden, und auf dir, o
Seligste! ruht die Hoffnung unsrer Seligkeit.
Heilige Maria, komm zu Hilfe den Elenden; unterstütze die Kleinmüthigen; stärke die Schwachen;
sei Fürbitterin für das Volk; Mittlerin für die
Geistlichkeit! Hab Mitleid mit den Bedrängten,
hege süße Liebe zu uns, die wir noch fern vom
Himmel pilgern! Laß Alle deine Hilfe erfahren,
die dein Gedächtniß feiern! Steh geneigt den
Bitten der Flehenden bei und bring Allen die
Erfüllung ihrer Wünsche! Laß dir angelegen sein,
für das Volk Gottes immerdar zu bitten, da du,
Gebenedeite! gewürdigt worden bist, uns den
Welterlöser zu bringen. Der da lebt und regiert
von Ewigkeit zu Ewigkeit. Amen. (St. Augustin.)

Vater unser ꝛc.

## Gesänge.

### I.

1. Mutter Christi hoch erhoben,
   In dem schönen Himmel droben,
   Aller Engel Königin,
   Unsre Frau und Mittlerin:

7 *

Deinen Segen uns mittheile,
Uns zu helfen nicht verweile;
   O Maria, steh' uns bei,
   Daß uns Gott barmherzig sei!

2. Du, o Jungfrau voll der Gnaden,
   Frei von jedem Sündenschaden:
      Voller Glanz und Tugendschein,
      Allzeit heilig, allzeit rein.
   Deinen Segen 2c.

3. O du Zuflucht aller Sünder!
   Schau, wir arme Adamskinder,
      Die gesündigt ohne Zahl,
      Weinen in dem Jammerthal.
   Deinen Segen 2c.

4. Laß uns deine Hilf' erscheinen,
   Laß uns nicht vergebens weinen:
      Führ' uns zu dem Gnadenthron
      Und versöhn' uns deinem Sohn!
   Deinen Segen 2c.

5. Daß er uns die Sünd' verzeihe;
   Sie zu meiden, Gnad' verleihe:
      Daß wir leben in der Buß',
      Sterben in dem Friedenskuß.
   Deinen Segen 2c.

6. Bitt', daß Gott nach diesem Leben
   Uns die Seligkeit woll' geben:
      O Maria, Jungfrau rein!
      Laß uns dir empfohlen sein.
   Deinen Segen 2c.

## II.

1. Maria, Jungfrau schön!
   Zu dir wir bitten geh'n.
   :,: Mutter und Jungfrau rein,
   In jeder Noth und Pein
   Vergiß nicht mein! :,:

2. Vor deines Sohnes Thron
   Bitt', daß er uns verschon'.
   :,: Mutter und 2c.

3. Du stehst für uns bereit,
   Mutter der Christenheit!
   :,: Mutter und 2c.

4. Laß uns nicht hilflos fort,
   Verleih' Dein kräftig Wort.
   :,: Mutter und 2c.

5. Thu' deine Hilfe kund
   Dem ganzen Erdenrund!
   :,: Mutter und 2c.

6. Durch dich bewahr' uns Gott
   Vor Sünd' und aller Noth.
   :,: Mutter und 2c.

7. Und einstens im Gericht
   Verlaß, verlaß uns nicht!
   :,: Mutter und 2c.

## III.

1. Ganz schön bist du, Maria!
   Gar keine Makel ist an dir,
   Bist dort des Himmels Zierde,
   Die Zuflucht aller Sünder hier.

O Maria! o Maria!
O Jungfrau voll der Zärtlichkeit,
O Mutter der Barmherzigkeit!
Bedenk' uns, deine Kinder,
Bitt' für uns, arme Sünder,
Bei Jesu, deinem Sohn,
Bitt', daß er uns verschon'!

2. Wir blicken mit Vertrauen,
    O güt'ge Frau! zu dir hinauf,
  Wollst freundlich auf uns schauen
    In unsrer Tage trübem Lauf.
      O Maria! 2c.

3. Wenn wir von hinnen scheiden,
    Dann reiche uns die Mutterhand,
  Die möge uns geleiten
    Hinüber in das Vaterland.
      O Maria! 2c.

4. Und wenn wir im Gerichte
    Erwarten bang des Richters Spruch,
  Hilf uns zum ew'gen Lichte,
    Wend' ab von uns der Hölle Fluch!
      O Maria! 2c.

## IV.

1. Sei gegrüßt, o Königin, reich mit Glanz
          gekrönet,
  Heilige Gebärerin, die uns Gott versöhnet!
  Dich im Himmel hoch erhoben alle Engel-
          chöre loben.
  Sei gegrüßt, Maria! Königin Maria! Sei
          gegrüßt!

2. Sei gegrüßt, o Königin Himmels und der
    Erden,

  Herrsche nun, o Mittlerin, für so viel Be-
    schwerden!

  Dich will Jesus ewig lohnen, ewig sollst
    du bei ihm thronen.

  Sei gegrüßt, Maria! 2c.

3. Mutter der Barmherzigkeit, Hoffnung aller
    Sünder,

  Hilf' der ganzen Christenheit, Trost der
    Evenskinder,

  Wollest von dem Himmel schauen, wie wir
    fromm auf dich vertrauen.

  Sei gegrüßt, Maria! 2c.

4. Stern auf diesem Meere hier, wollst uns
    glücklich leiten,

  Daß die Welt uns nicht verführ'! Hilf die
    Klippen meiden!

  Unterstütze unser Streben, laß uns einstens
    bei dir leben!

  Sei gegrüßt, Maria! 2c.

5. Will die Hölle mit Gewalt unser Herz be-
    zwingen,

  Will Versuchung, Kleinmuth bald uns zum
    Falle bringen,

  O Maria, hilf uns siegen, laß uns dann
    nicht unterliegen!

  Sei gegrüßt, Maria! 2c.

# V.

## (Von Advent bis Lichtmeß.)

1. In Demuth betend, Herr! vor dir
   Lag der Jungfrauen schönste Zierde;
   Der Engel kommt, verkündet ihr
   Der Mutter Jesu hohe Würde.
   Die Reinste, wie die Engel rein,
   Wird Mutter und auch Jungfrau sein.

2. Maria, vor der ganzen Welt
   Von Gottes Rathschluß auserkoren!
   Den, der zur Mutter dich gewählt,
   Den Schöpfer selbst hast du geboren.
   O Frau, o Mutter unser's Herrn!
   O Himmelspfort', o Gnadenstern!

3. Komm uns zu Hilf', erhör' das Fleh'n
   Des armen Volks, der schwachen Sünder;
   Laß deines Sohnes Gnad' uns seh'n,
   Erbarme dich doch deiner Kinder!
   Wir bitten dich durch Jesum Christ',
   Durch den du Aller Mutter bist.

# VI.

## (Von Lichtmeß bis Ostern.)

1. Maria, du des Himmels Königin!
   Sei uns gegrüßt, der Engel Herrscherin!
   O Mutter Jesu, sei gegrüßt,
   Aus der das Heil der Welt entsprießt!

2. Erfreue dich, denn du bist ehrenreich,
   Und Keine ist, die dir an Schönheit gleich!
   Versöhne uns mit deinem Sohn',
   O Schönste, daß er uns verschon'!

# VII.

### (Von Ostern bis zum Dreifaltigkeitsfeste.)

1. Glorreiche Himmelskönigin!
   Freu' dich am höchsten Throne
Bei Dem, der war von Anbeginn,
   Bei deinem liebsten Sohne.
   Alleluja, Alleluja.
Den du als Mutter sehr beklagt
   Im Grab, am Kreuz, in Banden,
Er ist, wie er's hat vorgesagt,
   Nun siegreich auferstanden.
   Alleluja, Alleluja, Alleluja.

2. So singt die ganze Christenheit,
   Erlöst am Kreuzesstamme:
Dank, Preis und Ehr' und Herrlichkeit
   Sei unserm Osterlamme!
   Alleluja, Alleluja.
Verwende dich beim höchsten Thron,
   Erhör' der Kinder Flehen!
Maria, bitte deinen Sohn,
   Daß wir zur Freud' erstehen!
   Alleluja, Alleluja, Alleluja.

# VIII.

### (Vom Dreifaltigkeitsfeste bis zum Advent.)

1. O Mutter der Barmherzigkeit!
   Sei, Königin! gegrüßet.
Des Lebens Trost und Süßigkeit,
   Durch die uns Gnade fließet!
Zu dir, o Mutter! rufen wir,
Mit Thränen seufzen wir zu dir.

2. O, wende doch dein Angesicht
   Auf uns vom Himmelsthrone,
Versag' uns deinen Fürspruch nicht
   Bei Jesus, deinem Sohne!
Nach diesem Leben zeig' uns ihn,
Bei ihm sei unsre Mittlerin!

3. Wir seh'n auf dich in Angst und Noth,
   In Trübsal und in Leiden;
Hilf, tröste uns und bitt' bei Gott,
   Wenn wir von hinnen scheiden!
Erwirb uns Sieg im letzten Streit,
O Mutter der Barmherzigkeit!

# Andacht zu allen Heiligen.

## Gebete.

### Litanei.

Herr, erbarme dich unser!
Christe, erbarme dich unser!
Herr, erbarme dich unser!
Christe, höre uns!
Christe, erhöre uns!
Gott himmlischer Vater, erbarme dich unser!
Gott Sohn, Erlöser der Welt, erbarme dich unser!
Gott heiliger Geist, erbarme dich unser!
Heiligste Dreifaltigkeit, ein einiger Gott, erbarme dich unser!
Heilige Maria, bitt' für uns!
Heilige Gottesgebärerin, bitt' für uns!

Heilige Jungfrau aller Jungfrauen, bitt' für uns!

Heiliger Michael, bitt' für uns!

Heiliger Gabriel, bitt' für uns!

Heiliger Raphael, bitt' für uns!

Alle heiligen Engel und Erzengel, bittet für uns!

Alle heiligen Chöre der seligen Geister, bittet für uns!

Heiliger Johannes der Täufer, bitt' für uns!

Heiliger Joseph, bitt' für uns!

Alle heiligen Patriarchen und Propheten, bittet für uns!

| | |
|---|---|
| Heil. Petrus, | Heil. Bartholomäus, |
| Heil. Paulus, | Heil. Matthäus, |
| Heil. Andreas, | Heil. Simon, |
| Heil. Jakobus, | Heil. Thaddäus, |
| Heil. Johannes, | Heil. Mathias, |
| Heil. Thomas, | Heil. Barnabas, |
| Heil. Jakobus, | Heil. Lukas, |
| Heil. Philippus, | Heil. Markus, |

Bitt' für uns!

Alle heiligen Apostel und Evangelisten, bittet für uns!

Alle heiligen Jünger des Herrn, bittet für uns!

Alle heiligen unschuldigen Kinder, bittet für uns!

Heiliger Stephanus, bitt' für uns!

Heiliger Laurentius, bitt' für uns!

Heiliger Vincentius, bitt' für uns,

Heiliger Fabian und Sebastian, bittet für uns!

Heiliger Johannes und Paulus, bittet für uns!

Heiliger Kosmas und Damian, bittet für uns!

Heiliger Gervasius und Protasius, bittet für uns!

Heiliger Kilian mit deiner Gesellschaft, bittet für uns!

Alle heiligen Martyrer, bittet für uns!

Heil. Sylvester,  Heil. Martinus,
Heil. Gregorius,  Heil. Nikolaus,
Heil. Ambrosius,  Heil. Otto,
Heil. Augustinus,  Heil. Heinrich,
Heil. Hieronymus,

*Bitt' für uns!*

Alle heiligen Bischöfe und Bekenner, bittet für uns!
Alle heiligen Kirchenlehrer, bittet für uns!

Heiliger Antonius,
Heiliger Benediktus,
Heiliger Bernardus,
Heiliger Dominikus,
Heiliger Franziskus,

*Bitt' für uns!*

Alle heiligen Priester und Leviten, bittet für uns!
Alle heiligen Mönche und Einsiedler, bittet für
uns!

Heil. Anna,  Heil. Cäcilia,
Heil. Maria Magdalena,  Heil. Katharina,
Heil. Agatha,  Heil. Anastasia,
Heil. Lucia,  Heil. Barbara,
Heil. Agnes,  Heil. Kunegunda,

*Bitt' für uns!*

Heilige Ursula mit deiner Gesellschaft, bitt' für uns!
Alle heiligen Jungfrauen und Wittfrauen, bittet
für uns!

Alle Heiligen Gottes, bittet für uns!
Sei uns gnädig, verschone uns, o Herr!
Sei uns gnädig, erhöre uns, o Herr!

Von allem Uebel,
Von aller Sünde,
Von deinem Zorne,
Von dem jähen und unversehenen Tode,
Von den heimlichen Nachstellungen des Teu-
fels,
Von Zorn, Neid, Haß und allem bösen Willen,

*Erlöse uns, o Herr!*

Von dem Geiste der Unreinigkeit,

Von Blitz und Ungewitter,

Von Pest, Hunger, Krieg und Verderben,

Von dem ewigen Tode,

Durch das Geheimniß deiner heiligen Mensch=
werdung,

Durch deine Ankunft,

Durch deine Geburt,

Durch deine Taufe und dein heiliges Fasten,

Durch dein Kreuz und Leiden,

Durch deinen Tod und Begräbniß,

Durch deine heilige Auferstehung,

Durch deine wunderbare Himmelfahrt,

Durch die Ankunft und Gnade des heiligen
Geistes des Trösters,

In der Stunde des Todes,

Am jüngsten Gerichte,

*Erlöse uns, o Herr!*

Wir arme Sünder,

Daß du uns verschonest,

Daß du uns unsere Sünden verzeihest,

Daß du uns zur wahren Buße bringen wollest,

Daß du deine heilige Kirche regieren und in
Frieden erhalten wollest,

Daß du unsern Oberhirten den Papst, und
den ganzen geistlichen Stand in der hei=
ligen Religion bewahren wollest,

Daß du die Feinde der heiligen Kirche de=
müthigen wollest,

Daß du den christlichen Königen und Fürsten
stäten Frieden und wahre Einigkeit geben
wollest,

Daß du dem ganzen christlichen Volke Frieden
und Einigkeit verleihen wollest,

*Wir bitten dich, erhör uns!*

Daß du uns in deinem heiligen Dienste er=
halten wollest,

Daß du unsere Herzen zu himmlischen Be=
gierden erhebest,

Daß du unsere Wohlthäter mit ewigen Gü=
tern belohnen wollest,

Daß du unsere Seelen und die unserer Brü=
der, Freunde und Wohlthäter vor der
ewigen Verdammniß bewahren wollest,

Daß du die Früchte der Erde geben und
erhalten wollest,

Daß du allen verstorbenen Christgläubigen
die ewige Ruhe verleihen wollest,

Daß du uns gnädig erhören wollest,

Du Sohn Gottes,

> Wir bitten dich, erhöre uns!

O du Lamm Gottes, das hinwegnimmt die Sün=
den der Welt, verschone uns, o Herr!

O du Lamm Gottes, das hinwegnimmt die Sün=
den der Welt, erhöre uns, o Herr!

O du Lamm Gottes, das hinwegnimmt die Sün=
den der Welt, erbarme dich unser, o Herr!

Christe, höre uns!

Christe, erhöre uns!

 Vater unser ꝛc.

V. Bittet für uns, ihr Heiligen Gottes!

R. Auf daß wir würdig werden der Verheißun=
gen Christi.

V. Herr, erhöre mein Gebet!

R. Und laß mein Rufen zu dir kommen!

 (Zu allen Heiligen.) Allmächtiger, ewiger
Gott, der du uns verliehen hast, die Verdienste
aller deiner Heiligen (unter Einer Festfeier) zu

verehren; wir bitten dich, du wollest uns auf so vielfache Fürsprache die erwünschte Fülle deiner Erbarmung reichlich zuströmen lassen. Durch Jesum Christum unsern Herrn. Amen.

(**Am Feste des heiligen Stephanus.**) Wir bitten dich, o Gott! verleihe uns, nachzuahmen, was wir verehren; mache, daß wir auch unsere Feinde lieben lernen, weil wir den Geburtstag Desjenigen feiern, welcher auch für seine Verfolger zu bitten wußte unsern Herrn Jesum Christum deinen Sohn. Amen.

(**Am Feste des heiligen Joseph.**) Wir bitten dich, o Herr! laß uns durch die Verdienste des Bräutigams deiner heiligsten Gebärerin unterstützt werden, daß, was unser Vermögen nicht erlangen kann, uns durch seine Fürbitte geschenkt werde. Der du lebst und regierst mit Gott dem Vater in Einigkeit des heiligen Geistes, Gott von Ewigkeit zu Ewigkeit. Amen.

(**Am Feste des heiligen Täufers Johannes.**) O Gott! der du uns den heutigen Tag durch die Geburt des heiligen Johannes ehrwürdig gemacht hast, verleihe deinem Volke die Gnade der geistigen Freuden und leite die Seelen aller deiner Gläubigen auf den Weg des Heiles und des ewigen Friedens. Durch Christum unsern Herrn. Amen.

(**Am Feste der heiligen Petrus und Paulus.**) O Gott! der du den heutigen Tag durch den Martertod deiner heiligen Apostel Petrus und Paulus geheiligt hast, verleihe deiner Kirche, daß wir in allen Stücken der Lehre Derjenigen

nachleben, durch die deine heilige Religion ihren
Anfang genommen hat. Durch Jesum Christum
unsern Herrn. Amen.

**(Zu jedem einzelnen Heiligen.)** O Gott!
der du Diejenigen verherrlichest, die dich verherr=
lichen, und in der Ehre deiner Heiligen selbst
geehrt wirst, verleihe gnädig, daß, wie wir die
glorreichen Verdienste deines (deiner) Heiligen N.
verehren, wir auch seinem (ihrem) Tugendbeispiele
nachfolgen und uns seiner (ihrer) wirksamen
Fürsprache bei dir erfreuen mögen. Durch Jesum
Christum unsern Herrn. Amen.

## 1.

Vater, der du bist in dem Himmel! dort
bei dir befinden sich deine Auserwählten, vereint
mit dir in ewiger Liebe, in ewiger Seligkeit:
dort, wo keine Trennung, kein Leid, keine Thräne,
keine Sünde, kein Tod mehr ist. Sie besitzen
dich und werden erfüllt von dem Ueberflusse deines
Hauses, und du tränkest sie mit einem Strome
deiner Seligkeit. Denn bei dir ist die Quelle
des Lebens, und in deinem Lichte sehen sie das
Licht. Dort sehen sie dich und ihren göttlichen
Herrn und Heiland, dem sie hier in Liebe und
Demuth nachgewandelt sind, von Angesicht zu
Angesicht; seine heiligen Wundmale glänzen und
strömen ihnen Liebe, Leben und Seligkeit zu,
und ihr einziges seliges Geschäft ist, dich zu loben,
deine Erbarmungen zu preisen, deine Liebe an=
zubeten und für uns, ihre streitenden Brüder auf
Erden, zu bitten. Dort glänzen deine Auser=

wählten wie die Sterne am wolkenlosen Himmel,
selig durch deine Gnade, überschwenglich selig
in deiner Liebe. — Sie waren einst unsere Brüder, schwach und arm und alle eines Erlösers
bedürftig wie wir. Sie haben einen guten Kampf
gekämpft, den Glauben bewahrt, selig vollendet
— Alles durch deine Gnade und ihre getreue
Mitwirkung. Nun sind sie uns ebensoviele Zeu-
gen, daß auch wir mit deiner Gnade deine Gebote halten und gut und selig werden können,
wie sie. Nun sind sie ebensoviele Fürbitter für
uns bei dir, o Jesus! und bei deinem himmlischen Vater, weil sie die Liebe mit uns vereiniget.
— Höre, o Gott! unser Gebet, das wir jetzt
vor deinem Gnadenthrone niederlegen, und erbarme dich unser. Ihr aber, Himmelsbürger und
Hausgenossen Gottes, unterstützet unser schwaches
Gebet durch euere Fürbitte! O, bittet für uns,
die wir in diesem Thale der Thränen leben, daß
uns Gott verleihe, den Weg zu wandeln, welchen
ihr uns vorangegangen seid, damit auch wir
einstens zu euerer Gemeinschaft gelangen, wo wir
mit Einem Mund und Herzen die Liebe, Gnade
und Erbarmung des dreieinigen Gottes loben
und preisen werden in Ewigkeit. Amen.

Vater unser 2c.


## 2.

Seid mir gepriesen, ihr Heiligen Gottes!
Ihr seid am Ziele, ihr habt überwunden. Was
der Himmel Herrliches, was die Gottheit Segen-
volles hat, ist nun euer Antheil. Bittet für mich
und alle meine Mitmenschen bei der unendlichen

Güte, daß sie auch uns stärke, über alle Hinder=
nisse der Tugend zu siegen, alle Beschwerden des
Lebens mit christlicher Geduld zu ertragen und
euerem gottseligen Beispiele nachzufolgen. Unter=
stützet unsere Wünsche; denn wir wollen Nichts,
als was unser Vater im Himmel selbst will; wir
wollen euch gleich werden, ihr Gesegneten des
Herrn! fromm und gut, wie ihr es hier gewesen
seid. Wir wünschen jenen lebendigen Glauben,
jenes unerschütterliche Vertrauen, jene redliche,
ausdauernde, thatenvolle Liebe, die euch beseelte;
wir bitten um Freude zur Erfüllung unserer
Pflichten, um Muth im Leiden, um Stärke in
Versuchungen und um die Gnade, daß wir die
Güter dieser Erde so gebrauchen, daß sie uns
Beförderungsmittel zur Tugend und zu unserm
wahren Glücke seien. Wir bitten um das Eine
Nothwendige, was euch gut und selig machte,
um den himmlischen Sinn — was allein auch
uns gut und selig machen kann. Vereiniget euer
Gebet mit dem unsrigen, und der ewig gnädige
und barmherzige Gott wird auch uns segnen,
daß wir euch nachfolgen können, wie ihr Christo
nachgefolgt seid, und endlich jener himmlischen
Freuden theilhaftig werden, die ihr in Ewigkeit
genießet durch die Verdienste eueres und unseres
Seligmachers. Amen.

Vater unser ꝛc.


### 3.

O all' ihr glückseligen Heiligen Gottes, die
ihr über das Meer dieser Sterblichkeit schon hin=
über und gewürdiget worden seid, im Hafen der

ewigen Ruhe, der Sicherheit und des Friedens
anzulangen; ihr seid außer Gefahr, seid ohne
Unruhe, in endloser, festlicher Freude. Ich flehe
zu euch bei euerer Liebe: O, da ihr für euch
sicher seid, so traget Sorge für uns! Ihr seid
euerer unverwelklichen Herrlichkeit gewiß; o, sor=
get darum für uns im Hinblicke auf unser viel=
faches Elend! Ich bitte euch durch Den, der
euch auserwählt und zu Heiligen gemacht hat,
an dessen Schönheit ihr nun euch sättiget, von
dessen Unsterblichkeit ihr schon selbst die Unsterb=
lichkeit erhalten habt, an dessen überaus seliger
Anschauung ihr euch ewig erfreuet. Seid denn
auch unablässig unser eingedenk; kommet uns
zu Hilfe, uns Armen, die noch auf dem Meere
dieses Lebens von Sturmwellen hin und her
getrieben werden!

O ihr himmlisch Verklärten, die ihr zu solcher
Seligkeit euch erhoben habt, unterstützet uns
armselige Sünder, die in ihrem Elende so tief
unter euch stehen! Reichet uns die Hand, richtet
uns auf, die wir darnieder liegen, damit wir
von unserer Schwachheit genesen und stark im
Kampfe werden! Bittet und flehet ohne Auf=
hören und Ende für uns elende Sünder, die so
Vieles versäumen, damit wir durch euere Bitten
euerer heiligen Gemeinschaft einverleibt werden,
weil wir in anderer Weise nicht gerettet werden
können; denn wir sind sehr schwach und ge=
brechlich — Diener des Leibes und Sklaven des
Fleisches, an denen sich kaum noch eine Spur
der Tugend zeigt. Und doch unter dem Bekennt=
nisse Christi, und auf den Balken des Kreuzholzes

gelegt, werden wir getragen und sinken nicht
unter, wir segeln über dieses große und weite
Meer der Welt, wo zahllose Versuchungen uns
umgeben, wo innere und äußere Feinde uns
nachstellen und der Satan umhergeht, suchend,
wen er verschlinge, wo andere unzählige Gefahren
sind, woran die Unvorsichtigen und die Schwan=
kenden im Glauben scheitern.

So bittet den Herrn, bittet, ihr Huldreichen,
bittet, ihr heiligen Schaaren und all' ihr Chöre
der Seligen; auf daß wir, durch euere Fürbitten
und Verdienste unterstützt, gewürdiget werden, im
Hafen des ewigen Heils, der ewigen Ruhe, des
immerwährenden Friedens und der glücklichen
endlosen Sicherheit anzulangen. Amen.

(St. Augustinus.)

Vater unser 2c.

## Gesänge.

### I. *)

1. O Freunde Gottes allzugleich,
   Ihr Engel hoch im Himmelreich:
   :,: Helft uns in diesem Jammerthal,
      Daß wir durch Gottes Gnadenwahl
      Zum Himmel kommen allzumal! :,:

2. Ihr Patriarchen, auserwählt,
   Und ihr Propheten, gottbeseelt:
   :,: Helft 2c.

---

*) Eigene Melodie.

3. O ihr Apostel, hochgestellt,
   Zu leuchten durch die ganze Welt:
   :,: Helft 2c.

4. O ihr gekrönten Martyrer
   Und ihr viel tausend Beichtiger:
   :,: Helft 2c.

5. O Jungfrau'n, zarter Lämmerchor,
   Des Himmels weißer Lilienflor:
   :,: Helft 2c.

6. Ihr heil'gen Frauen, keusch und rein,
   Ihr Freunde Gottes insgemein:
   :,: Helft 2c.

7. Wir bitten euch mit Zuversicht,
   Vergeßt uns arme Kämpfer nicht!
   :,: Helft 2c.

8. Der heiligsten Dreifaltigkeit
   Tragt vor die Noth der Christenheit!
   :,: Helft 2c.


## II. *)

1. Christen! schaut der Heil'gen Leben,
   Welche, Jesu treuergeben,
       Siegreich durch der Gnade Macht
       Ihren Erdenlauf vollbracht.
   Ihre Treu' ist nun belohnet:
   Dorten, wo Gott ewig thronet,
       Wohnen sie in Seligkeit,
       Preisen ihn in Ewigkeit.

---

*) Mel.: Mutter Christi, hoch erhoben 2c.

2. Laßt uns nach dem Himmel trachten,
   Gleich den Heil'gen Das verachten,
     Was nur kurze Zeit besteht,
     Wie ein Traum vorübergeht!
   Durch der Erde düst're Leiden
   Geht es in die ew'gen Freuden;
     Nur dem Sieger wird die Kron',
     Dem Getreuen nur — der Lohn.

3. Kommt, ihr Heil'gen! uns entgegen,
   Zieht uns nach auf euern Wegen,
     Bittet die Dreieinigkeit
     Für die Brüder in der Zeit.
   Wollt uns euern Beistand senden,
   Daß wir gut den Kampf vollenden;
     Und wenn unser Auge bricht,
     Führet uns zum ew'gen Licht!

---

# Andacht im Advente.

## Gebete.

### Litanei zum heiligsten Namen Jesu.
### Sieh S. 76.

V. Ihr Himmel, thauet herab; ihr Wolken, reg=
net den Gerechten!

R. Die Erde öffne sich, und es sprosse der Heiland hervor.

  Erwecke, o Herr! unsere Herzen, deinem ein=
gebornen Sohne die Wege zu bereiten, damit wir
durch seine Ankunft fähig werden, mit gereinigtem

Gemüthe dir zu dienen. Wir bitten dich durch
denselben unsern Herrn Jesum Christum. Amen.

### 1.

O Gott, der du die Werke deiner Hände
und dein Ebenbild in den Menschen liebst, neige
die Himmel und komm! Komm, o Jesu, der
du die neun und neunzig Schafe auf den ewigen
Bergen weidest, und suche barmherzig das hun=
dertste auf, das sich verirrte! Komm, o Weisheit
des Vaters, zünde das Licht deiner heiligen
Menschheit an und suche die verlorne, mit deinem
königlichen Bilde geschmückte Drachme! Erneuere
das himmlische Jerusalem durch deine gnaden=
reiche Erlösung, daß aus deinen Auserwählten
die Zahl der abtrünnigen Engel ersetzt werde!
Komm, o barmherziger Samariter, und heile
die schwer verwundete Menschheit, die im Thale
des Jammers dem Tode nahe liegt! Denn sieh,
es ging der Priester des Gesetzes vorüber, der
keine Heilung in sich faßte; vorüber ging auf
gleiche Weise der Levite, der die Weissagungen
der Propheten aufbewahrte, die uns nur Strafen
für unsere Sünden ankündigten, aber die Sün=
den nicht erlassen konnten. Nur bei dir, dem
mildherzigen Samariter, ist Heilung und Erlö=
sung; nur du kennst die Tiefen unserer Todes=
wunden und kannst sie durch das Oel deiner
Barmherzigkeit heilen. Du bist es ja, der durch
den Mund des Propheten von sich gesagt hat:
„Der Geist des Herrn ist über mir; der Herr
salbte mich und sandte mich aus, den Sanft=
müthigen die Botschaft des Heils zu bringen;

Jene zu heilen, die zerknirschten Herzens sind; den Gefangenen die Erlösung zu verkündigen; alle Traurigen in Sion zu trösten und statt der Asche auf dem Haupte ihnen eine Krone, statt der Trauer das Oel der Freude zu ertheilen." So komm denn, du barmherziger Erlöser, du süßer Thau des Himmels! Komm, du Feuer der allerhöchsten Liebe, erweiche unser Herz durch deine göttliche Flamme, eröffne den Quell deiner Erbarmungen, erschließe uns die Pforte des Paradieses! Komm, du wahres, lebendiges Licht, das du jede Seele erleuchtest, welche dir nahet, an dich glaubt, dir anhängt! Komm, o unser Gott, und sei uns Alles in Allem, damit wir eins werden in dir, gleichwie du eins mit dem himmlischen Vater bist. Komm, damit wir durch deine Barmherzigkeit gereinigt, geheilt und vollendet werden in dir, du wahre und vollkommene Seligkeit Aller, die dich lieben, unser Herr und Gott, gepriesen in Ewigkeit! Amen.

(St. Laurentius Justiniani.)

Vater unser 2c.

## 2.

Geh auf, o Jesus, du Sonne der Herrlichkeit, geh auf in unserer Seele, die in der Nacht der Sünde liegt! Geh auf und erleuchte uns wieder durch den Stern deiner heiligmachenden Gnade und Liebe, daß wir fortan als treue Diener mit stets brennenden Lampen der Liebe und Wachsamkeit in Bereitschaft stehen, deiner Ankunft warten und so an jenem strengen Tage der Angst und der schrecklichen Zeichen, die an

Himmel und Erde geschehen, getröstet unsere
Häupter erheben, weil du erscheinest, o Herr, du
Hochgebenedeiter! Laß uns nicht wandeln in
Völlerei und Trunksucht, nicht in Unzucht und
Weichlichkeit, nicht in Neid und Hader, sondern
ehrbar, wie am hellen Tage! O Herr Jesus
Christus, komm denn zu uns in dieser heiligen
Gnadenzeit; umkleide uns mit deiner Heiligkeit;
gib uns, daß wir mit heiligem Verlangen dich
erwarten, mit Andacht empfangen, in Liebe dich
aufnehmen und einst an jenem schrecklichen Tage
als glorreichen Richter in der Herrlichkeit deines
himmlischen Vaters mit großer Freude dich an=
schauen mögen. Amen. (Bischof Jakob Feucht.)

Vater unser 2c.

### 3.

Allmächtiger, ewiger Gott, Herr, himmlischer
Vater! wir bitten dich demüthig, bewahre uns
vor der breiten Straße, die zur Verdammniß
führt; laß uns mit Hilfe deiner Gnade würdige
Früchte der Buße bringen; erleuchte und stärke
uns, daß wir deinem lieben Sohne, unserm
Herrn, Jesus Christus, den Weg bereiten, auf
welchem er zu uns kommt; den Weg der Buße
und der Abtödtung fleischlicher Begierden, den
Weg der Tugenden, den er selbst gelehrt hat
und bis zum bittern Tode gewandelt ist; den
Weg, der zu dir führt, o Vater! der du im
Lichte wohnest und in der ewigen Klarheit. Fülle
in uns aus die Thäler der Kleinmuth, der Lauig=
keit und Trägheit: erniedrige die Berge der welt=
lichen Hoffart, die Hügel der Eitelkeit; mache

gerade unser falsches und verkehrtes Herz, richte
unseren Willen nach deinen Gesetzen, ebene alles
Rauhe, allen Zorn und alle Bitterkeit unserer
Seelen, und verleihe uns die Gnade, daß wir
dein Heil sehen, den Heiland der Welt, nach
dessen Ankunft wir sehnsuchtsvoll verlangen. Und
nun, wann wirst du kommen, o Herr, unser
Emanuel, Gott mit uns? Wann wirst du er=
scheinen, Fürst des Friedens, König der Liebe,
du Erwartung aller Gläubigen? —

O Jesus, der du, von Ewigkeit her unser
Gott, in der Zeit unser Heiland geworden bist,
wie lange werde ich noch seufzen nach deiner
Ankunft und nach Erneuerung meines Geistes
durch deine Gegenwart? — Wie lange werde
ich rufen nach dir, o himmlisches Licht, das
alle Finsternisse zerstreuet; o himmlischer Thau,
der meine Seele zum neuen Leben erquickt?
O sieh, ist auch der Himmel zu wenig, deine
Größe zu fassen und deine Herrlichkeit zu tragen;
so bist du doch um unserer Sünden willen
Mensch geworden, hast nicht verschmäht, im
Schooße der Jungfrau deine Wohnung zu neh=
men, in der Krippe zu weinen, am Kreuze ver=
lassen zu sterben. Durch diese deine unendliche
Liebe bitte ich dich, erbarme dich meiner und
sprich zu mir: „Sieh, ich säume nicht länger,
und ich, dein Gott, komme selbst zu dir und
will dir helfen!" Amen.

Vater unser ꝛc.

# Gesang.

1. Thauet, Himmel! den Gerechten;
   Wolken! regnet ihn herab:
   Rief das Volk in bangen Nächten,
   Dem Gott die Verheißung gab.
   Oeffne deinen Schooß, o Erde!
   Sproß' hervor, o Heiland! werde
   :,: Unser Trost, das süße Licht,
   Das die Finsterniß durchbricht! :,:

2. Gott der Vater ließ sich rühren
   Dort auf seinem ew'gen Thron,
   Und den Rathschluß auszuführen,
   Bot sich selber an der Sohn.
   Gabriel stieg eilig nieder,
   Und er bringt die Antwort wieder:
   :,: Sieh, ich bin des Herren Magd,
   Mir geschehe, was Gott sagt. :,:

3. Dein Gehorsam ist mein Leben,
   Jungfrau demuthsvoll und keusch!
   Auf dich seh' ich niederschweben
   Gottes Geist: — das Wort wird Fleisch.
   Menschen, betet an im Staube!
   Weh' der Höll' und ihrem Raube!
   :,: In des Elends düster Grab
   Steigt ein Heiland hold herab. :,:

4. Hört den Mahnungsruf erschallen:
   Sünder, wacht vom Schlafe auf!
   Denn es naht das Heil uns Allen;
   Nacht ist weg, der Tag im Lauf.

Lasset uns in diesen Zeiten
Unser Herz zur Buß' bereiten,
:,: Wandeln auf der Tugendbahn,
Ziehen Jesum Christum an! :,:

5. Laßt uns wie am Tage wandeln
Nicht in Fraß und Trunkenheit,
Nicht nach Fleischbegierden handeln!
Friede sei und Einigkeit!
Der allein wird hier auf Erden
Von dem Heiland inne werden,
:,: Der die Seele macht bereit
Und dem Kommenden sie weiht. :,:

6. Heiland, komm mit deinem Segen!
Sieh, mein Herz verlangt nach dir.
Komm mit Gnade mir entgegen!
Komm und wohne stets in mir!
Komm und bringe mir den Frieden!
Menschen ist er nur beschieden,
:,: Welche guten Willens sind:
Komm, ich bin es, göttlich Kind! :,:

---

# Andacht zur Weihnachtszeit.

## Gebete.
### Litanei zum heiligsten Namen Jesu.
#### Sieh S. 76.

℣. Das Wort ist Fleisch geworden, Alleluja.
℟. Und hat unter uns seine Wohnung genommen, Alleluja.

(An Weihnachten.) Allmächtiger Gott! wir
bitten dich, gib, daß die erneuete Geburt deines
Sohnes im Fleische — uns erlöse, die wir in
der alten Knechtschaft unter dem Joche der Sünde
schmachten. Durch ebendenselben unsern Herrn
Jesum Christum. Amen.

(Am Feste der Beschneidung des Herrn.)
O Gott, der du durch die jungfräuliche Frucht=
barkeit Mariens dem Menschengeschlechte die Freu=
den des ewigen Heiles verliehen hast: wir bitten
dich, laß uns die Fürbitte Derjenigen zu Theil
werden, durch welche wir verdient haben, den
ursprünglichen Geber des Lebens zu empfangen,
unsern Herrn Jesum Christum, deinen Sohn,
welcher mit dir und dem heiligen Geiste gleicher
Gott lebt und regiert in Ewigkeit. Amen.

(Am Feste der Erscheinung des Herrn.)
O Gott, der du an dem heutigen Tage deinen
eingebornen Sohn den Heiden unter der Leitung
eines Sternes geoffenbaret hast, verleihe uns
gnädig, daß wir, die dich jetzt aus dem Glauben
erkennen, zur Anschauung deiner erhabenen Herr=
lichkeit geführt werden. Durch eben denselben
Herrn Jesum Christum 2c. Amen.

## 1.

Ausgegangen ist der vielgeliebte Sohn des
Allerhöchsten von der Höhe des Himmels. Er,
der neue Adam, ist gleich einem aus uns ge=
worden, Fleisch von unserm Fleische, Gebein von
unserm Gebeine. Geboren ist das wahre Licht
vom Himmel, unsere Finsternisse zu verscheuchen.
Fleisch ist das ewige Wort geworden, um unter

uns zu wohnen. Die Bitten und das Verlangen der Patriarchen und Propheten, die Seufzer unseres ganzen Geschlechtes sind erhört. Bis jetzt lag der Zorn des Herrn schwer auf Adams Nachkommen, doch nicht ferner zürnen wird der Herr, da er seinen Eingebornen als Menschen unter Menschen wandeln sieht. Die ersehnte Fülle der Zeiten ist gekommen. O, sei mir von ganzem Herzen gegrüßt, du hocherfreulicher, lieblicher Tag, an dem uns der Heiland geboren ward! Wachen will ich mit den frommen Hirten bei der Krippe und dich, das neugeborne Söhnlein, in aller Dankbarkeit meines Herzens anbeten. Lob und Ehre will ich Gott mit den heiligen Engeln singen, dessen Milde unter uns in Menschengestalt erschienen ist. O, erleuchte mich, du strahlende Sonne der Gerechtigkeit! Zeige mir dein hold= seliges Angesicht, du holdseligstes aller Menschen= kinder! Gib mir den Frieden, den die Engel den Menschen verkündigten, die guten Willens sind! Gib mir den Honig zu kosten, der vom Himmel niedergethauet, und erfülle mein Herz mit deiner Süßigkeit, daß ich dich liebe alle Tage meines Lebens und einstens dahin komme, wo du, ewig aus dem Vater geboren, in schleierloser An= schauung alle Engel und Heiligen des Himmels erfreust, der du lebst und regierst, Gott von Ewig= keit zu Ewigkeit. Amen.           (St. Bonaventura.)

Vater unser 2c.

## 2.

Freuen will ich mich in dem Herrn und froh= locken in Gott meinem Heilande. O geliebtester

Jesus, holdseligstes Kind, o meine Freude und
meine Krone! Du bist mein einziger Geliebter,
vor Allem und über Alles mir ersehnt. Dir bin
ich ganz mich schuldig, und hätte ich mehr oder
wüßte ich mehr, noch wäre es nicht genug, denn
du übertriffst Alles; und was ich erfassen und
geben kann, es ist fast Nichts, und weniger als
etwas Geringes. Ich weiß und glaube zuversichtlich, daß du um meinetwillen Mensch geworden bist und so sehr verdemüthiget dich in die
arme Krippe hast legen lassen. Ja, die Liebe
hat dich angetrieben, den Schooß deines Vaters
zu verlassen und uns Verlorne heimzusuchen. Du
bist gekommen, um von der Sünde uns zu er-
lösen, unsere Blindheit zu erleuchten, den Weg
der Wahrheit uns zu zeigen. O großer Gott!
unsere Schwachheit willst du unterstützen und
Geduld in allen Widerwärtigkeiten uns lehren,
von der Liebe zu allem Irdischen uns losbinden,
unsere Begierden zu dem Himmlischen erheben,
uns mit Gnaden erfüllen und mit den Schätzen
deiner Gottheit bereichern. Uns ewig zu beseligen,
hast du die Mühsal dieser Zeit auf dich genommen; uns zu bereichern, bist du arm geworden;
uns in dein Reich zu führen, bist du in's Elend
gegangen. Obgleich du alle Größe, Herrschaft
und Majestät in dir vereinigest, hast du es nicht
verschmäht, in der Gestalt eines Kindes deine
Glorie zu verbergen, um mich durch deine Lieblichkeit an dich zu ziehen.

Sieh, ich nahe mich dir vertrauensvoll, mein
Jesus! Laß mich nicht leer von dir gehen! Gib
mir Alles, um was ich bitte; verleihe mir, um

was ich flehe! Du allein bist ja mein Paradies
der Wonne; du die Quelle der Weisheit; du die
Sonne der Gerechtigkeit; du das Licht der Welt.
Du, Freude des Himmels! bist auch die Freude
meines Herzens; der Trost meiner Seele; meine
Hoffnung in der Trübsal; meine Zuflucht in der
Versuchung; meine Stärke in allen Nöthen des
Lebens. Und du König der Sanftmuth, der du
gekommen bist, alle Trauernden zu trösten und
Allen den Frieden zu bringen, halt zurück deine
Strafgerichte, verlängere deine Barmherzigkeit!
Gib Verzeihung den Sündern, nimm auf die
Büßenden, verweigere Keinem deine Gnade, son-
dern laß Alle, die deiner zweiten Ankunft entgegen-
harren, endlich deine unverhüllte Herrlichkeit im
Himmel schauen! Darum bitten wir dich durch
deine heilige Geburt. Amen. (Thomas v. Kempis.)
Vater unser 2c.

### 3.

O unbegreifliche Liebe der ewigen Weisheit,
o tiefe Demuth der höchsten Macht, die sich gewürdiget, herabzusteigen zu unserer Armseligkeit!
Bei deiner Geburt, o Herr! sind aufgebrochen
die Brunnen des Meeres, und übergeströmt die
Kanäle der Himmel. Die Chöre des Himmels
sind mit Lobgesängen niedergestiegen, und Friede
ist Allen wieder verliehen, die eines guten Willens sind; denn der erhabene König des Himmels
hat sich mit meinem Kleide umgeben und mit
meinem Gürtel umgürtet.

Du kommst, o Allerbester! um ewig bei uns
zu bleiben und bringst mit dir alle Wonne des

Himmels. Dennoch bist du der höchste Sohn des höchsten Vaters. Du trägst alle Dinge durch das Wort deiner Kraft. Du bist das Wort, durch welches alle Dinge gemacht sind, an welches wir glauben, welches wir loben, ehren und verkündigen. Du bist unser Leben, unsere Hoffnung, unsere Liebe, unsere Freude, Wonne und Herrlichkeit.

Du hast mein Herz mit dem Pfeile deiner Liebe durchbohrt; ich kann fast Nichts lieben, als dich, und an Nichts denken, als an dich, du Allerschönster! Du hast mich umfangen mit den Armen deiner Liebe; ich bin bei dir Tag und Nacht im Genusse deiner Freuden. Fliehet hinweg von mir, alle bösen Begierden! Denn mein Liebster, im Fleische geboren, bringt Alles mit sich, was wünschenswerth ist. Er bringt mit sich die himmlischen Freuden, die ewig dauern werden. Er bringt mit sich Vergnügungen, welche kein Herz begreifen kann. Ich will für die Zukunft Alles verschmähen, was vergänglich ist, und Jesum, meinen Liebsten, allein in mein Herz schließen. Was sollte mir mangeln, wenn ich dich besitze, mein König, mein Gott, meine Liebe und meine Herrlichkeit! Mein Denken und Thun will ich nach deinem Willen richten, o Allerliebster! Kein Ding soll so schwer oder schmerzlich sein, daß ich es nicht durch deine Liebe ertragen wollte. O du, mein Leben, Quelle meiner Seligkeit! gib, daß ich dich nimmermehr verliere. O Liebe, erhaben über alle Liebe! laß mich dich allzeit lieben, loben und verherrlichen. Ehre sei dem Vater und dem Sohne und dem heiligen Geiste:

wie es im Anfange war und jetzt ist und in Ewig=
keit sein wird. Amen. (St. Franciscus v. Assisi.)

Vater unser 2c.

### Gesang.

1. Erfreue dich, Jerusalem!
   Dein Heiland liegt zu Bethlehem;
      Maria ist's, die ihn gebar,
      Die eine reine Jungfrau war. Alleluja.

2. Die Krippe wählt zu seinem Thron
   Der demuthvolle Gottessohn,
      Er duldet Armuth, Frost und Kält'
      Und lehrt verachten Fleisch und Welt. Allel.

3. Der Hirte hört bei seiner Wacht
   Der Engel Lied um Mitternacht,
      Er eilet zu dem Stall geschwind
      Und betet an das göttlich' Kind. Alleluja.

4. O große Gnad', o heil'ge Nacht,
   Die uns den Heiland hat gebracht!
      Mit uns ist nun der wahre Gott,
      Nun schreckt uns nimmer Sünd' und Noth.
               Alleluja.

---

# Andacht in der Fastenzeit.

### Gebete.

#### Litanei.

Herr, erbarme dich unser!
Christe, erbarme dich unser!

Herr, erbarme dich unser!

Herr, erhöre uns!

Christe, erhöre uns!

Gott Vater vom Himmel,

Gott Sohn, Erlöser der Welt,

Gott, heiliger Geist,

Heilige Dreifaltigkeit, ein einiger Gott,

O Jesu, du fleischgewordenes Wort des Vaters,

O Jesu, du Sohn der Jungfrau Maria,

O Jesu, wahrer Mensch und Gott,

O Jesu, der du wahrhaft bist der Mann der Schmerzen,

O Jesu, arm und entblößet von Allem,

O Jesu, verkannt und verstoßen von deinem Volke,

O Jesu, verachtet und verspottet,

O Jesu, gehaßt und verfolgt,

O Jesu, wie ein Sklave um Geld verkauft,

O Jesu, der Angst und Mattigkeit überlassen,

O Jesu, betrübt bis in den Tod,

O Jesu, mit Blutschweiß überronnen,

O Jesu, vom eigenen Jünger verrathen,

O Jesu, wie ein Dieb gefangen und gebunden,

O Jesu, fälschlich angeklagt und gerichtet,

O Jesu, verhöhnt und geschlagen,

O Jesu, dem irdischen Richter zum Tode überliefert,

O Jesu, dem Mörder nachgesetzt,

O Jesu, an die Säule gebunden,

O Jesu, gegeißelt und mit Dornen gekrönt,

O Jesu, zum Tode verurtheilt,

O Jesu, mit der Last des Kreuzes beladen,

*Erbarme dich unser!*

O Jesu, den Berg Kalvaria besteigend,

O Jesu, unter dem Kreuze niedergesunken,

O Jesu, mit Nägeln an das Kreuz geschlagen,

O Jesu, am Kreuze emporgerichtet,

O Jesu, mit Galle und Essig getränket,

O Jesu, am Kreuze gestorben,

O Jesu, mit einer Lanze durchbohret,

O Jesu, todt daliegend auf dem Schooße
der Mutter,

O Jesu, in's Grab getragen,

O Jesu, du wahres Opfer,

O Jesu, du blutiges Opfer,

O Jesu, du lebendiges und freiwilliges Opfer,

O Jesu, du Vorbild und Zuflucht in allen
Leiden,

O Jesu, du Heiland der Welt,

*Erbarme dich unser!*

Sei uns gnädig!  Verschone uns, o Jesu!

Sei uns gnädig!  Erhöre uns, o Jesu!

Von allem Uebel

Von aller Sünde

Von aller Gefahr des Leibes und der Seele

Von Kleinmuth und Ungeduld

Von aller Hoffart des Lebens

Von eitler Augenlust und Fleischeslust

Von einem jähen unversehenen Tode

Von der ewigen Verdammniß

Durch deine Schmerzen

Durch deinen blutigen Angstschweiß

Durch deine Gefangennehmung

Durch deine schmerzhafte Geißelung

Durch deine blutige Krönung

Durch deine schwere Kreuztragung

Durch deine grausame Kreuzigung

*Erlöse uns, o Jesu!*

Durch dein Gebet für die Feinde

Durch deinen Tod

Durch deine verwundeten Hände und Füße

Durch die Wunde deiner allerheiligsten
Seite

Durch dein Begräbniß

Am Tage des Gerichtes

*Erlöse uns, o Jesu!*

Wir arme Sünder,

Daß du uns durch dein bitteres Leiden und
Sterben gnädig sein wollest,

Daß du uns zur wahren Buße und Besserung des Lebens führen wollest,

Daß du uns die Verdienste deines Leidens
und Todes zuwenden wollest,

Daß wir durch die Kraft deines Kreuzes die
Welt, das Fleisch und den Teufel über-
winden mögen,

Daß wir in deinem heiligen Blute von allen
Sünden mögen gereiniget werden,

Daß du uns durch dein heiliges Kreuz in
allen Widerwärtigkeiten des Lebens trösten
und schirmen wollest,

Daß du uns durch deinen heiligen Tod in
unsern Todesnöthen stärken wollest,

Daß du uns durch dein Kreuz in deine
Glorie einführen wollest,

Daß du durch dein heiliges Begräbniß die
Seelen der Abgestorbenen aus den Peinen
des Fegfeuers erretten wollest,

Jesu Christe, für uns gekreuziget und gestorben,

*Wir bitten dich, erhöre uns!*

O du Lamm Gottes ꝛc., Verschone uns, o Jesu!

O du Lamm Gottes ꝛc., Erhöre uns, o Jesu!

O du Lamm Gottes ꝛc., Erbarme dich unſer,
o Jeſu!

Chriſte, höre uns!

Chriſte, erhöre uns!

Vater unſer ꝛc.

℣. Wir beten dich an, o Chriſte Jeſu! und be=
nedeien dich.

℞. Denn durch dein heiliges Kreuz haſt du die
Welt erlöſet.

℣. Herr! erhöre mein Gebet.

℞. Und laß mein Rufen zu dir kommen.

Wir bitten dich, o Gott! ſieh gnädig auf
dieſe deine Gemeinde herab, für welche unſer
Herr Jeſus Chriſtus ſich den Händen der Sünder
überlaſſen und am Kreuze ſterben wollte, der mit
dir in Einigkeit des heiligen Geiſtes lebt und
regieret von Ewigkeit zu Ewigkeit. Amen.

## 1.

O Jeſus, holdſeligſter Gottesſohn! was haſt
du verwirkt, daß man dich ſo verurtheilte? Was
haſt du geſündigt, daß man dich ſo grauſam
behandelte? Was war denn deine Schuld, dein
Verbrechen; was die Urſache, daß man dich zum
Tode des größten Verbrechers verdammte? Ach!
ſchamroth müſſen wir auf unſere Bruſt ſchlagen
und laut müſſen wir es bekennen, wir ſind die
Urſache deiner Leiden, die Schuld deines Todes.
Wir ſind die Sünder, für die du geſtorben biſt.
Wir haben deine Wunden geöffnet, und dir alle
deine unausſprechlichen Martern bereitet. O an=
betungswürdigſter Rathſchluß der göttlichen Liebe!
der Boshafte ſündigt, und am Unſchuldigen wird

die Sünde bestraft! Was der Knecht verschuldet,
büßt der Herr! Was der Mensch verwirkte, leidet
Gott! Wie tief, o Sohn Gottes, hast du dich
in deiner Demuth erniedrigt! Wie weit hat dich
doch deine Liebe bewogen! Wozu deine Güte dich
überredet! Wohin deine Milde dich geführt! —

Wir haben Unrecht gethan, und du leidest
die Strafe. Wir waren stolz, und du hast dich
um unsertwillen erniedrigt. Wir waren ungehor-
sam, und du hast durch Gehorsam dieß Vergehen
von uns abgewaschen. Wir folgten unsern lü-
sternen Begierden und verließen dich, und du
folgtest dem Zuge deines liebevollen Herzens und
ließest dich für uns an's Kreuz schlagen. Wir
waren unmäßig, und du verschmachtetest am
Kreuze. Wir sättigten unsere Begierden, und du
trankest für uns bittere Galle. Wir mißbrauchten
unsern Leib zur Sünde, du ließest ihn für uns
mit Nägeln durchbohren.

O unser Herr und unser Gott! womit können
wir dir die Werke deiner Liebe vergelten, die
du alle vollbracht hast! Unvergeltbar sind deine
Erbarmungen; wir können nur verstummen, anbeten, und wenn deine Gnade uns zu Hilfe
kommt, das Fleisch mit seinen Lüsten kreuzigen
und fortan dir leben, dir das Kreuz nachtragen,
dir sterben, weil auch du dich bis zum Kreuztode
für unsere Sünden erniedrigt hast.

O du ewiger Erbarmer, o du unsere Hoffnung, wir bitten dich bei all deiner Liebe, vergib
uns unsere Missethaten und träufle den himmlischen Thau deiner Gnade in unser wundes Herz
herab, damit das Schlangengift der Sünde darin

seine Wirkung verliere, und unsere Seele wieder
gesund werde! Erfülle uns mit inniger Gegen=
liebe! Laß uns Nichts wohlgefällig, Nichts reizend
sein ohne dich! Eine Freude ohne dich sei uns
Schmerz, und für dich zu leiden mache uns
Freude. Dein Name sei uns Erquickung, und
die Erinnerung an dich unser Trost. Das Gesetz
deines Mundes laß uns lieber sein, als Schätze
von Gold und Silber. Ja, o Jesus! dir wollen
wir leben, mit deiner Gnade dir sterben, dein
verbleiben im Leben und im Tode. Amen.

Vater unser ꝛc.

## 2.

Ewiger Preis und Dank sei dir, Reinster
unter den Menschenkindern! Wie theuer müssen
wir dir sein, da du für uns das Kostbarste —
dein Leben hingegeben hast! Dein Angesicht,
einst so schön und nun so entstellt und nicht mehr
kennbar! — Es war die Lust der Engel, es
glänzte auf Tabor heller als die Sonne, und
jetzt am Kreuze ist all seine Farbe und Schönheit
verschwunden — und dieß darum, damit wir
dein göttliches Angesicht ewig schauen können.
— Du bist aller Dinge, selbst deiner Kleider
entblößt worden, damit wir unser Herz von aller
unordentlichen Liebe und Anhänglichkeit an irdische
Güter entblößen und so ganz frei dir nachfolgen
und mit dem Gewande der ewigen Herrlichkeit
geschmückt würden. — Du wurdest verspottet und
verachtet, damit du uns Elende wieder zur Ehre
brächtest. Du wurdest gebunden, um uns von
den Fesseln der Sünde zu lösen. Du trugst eine

Dornenkrone, damit wir einstens die unverwelk=
liche Krone des Himmels trügen, wenn wir anders
hier die Dornenkrone der Leiden dir geduldig
nachtragen werden. Du trugst dein Kreuz, damit
wir uns auch gern unter das Kreuz schmiegen;
du wurdest angeheftet an's Kreuz, damit wir
uns und der Welt gekreuzigt würden. Dein Leib
wurde über die Erde erhoben, damit sich unser
Herz zum Himmlischen erhöbe. In der bittersten
Todesangst fühltest du dich so sehr verlassen,
damit wir im Tode einen Tröster an dir hätten.
Dein Herz zerfloß in Mitleid gegen deine Mutter
und deinen treuen Johannes, um uns Mitleid
zu lehren. Du betetest für deine Kreuziger, da=
mit wir unsern Beleidigern verzeihen. Du ließest
dein Herz durchstechen, damit dein Herzblut uns
vom ewigen Tode befreite. Du neigtest dein
Haupt, o Erbarmer! — O, neige es auch zu
uns herab, zum Zeichen deiner Liebe! Wecke in
unseren Herzen die Flamme wahrer Jüngerliebe!
Mache, daß wir den alten Menschen — alle
Liebe zur Sünde und alle Lust am Bösen aus=
ziehen! Stärke unsere Schwäche recht mit deiner
Gnade und laß uns eine bleibende Wohnung
dir in unserer Seele bauen! Amen.

Vater unser rc.

### 3.

Allmächtiger Gott und Vater! Wir flehen
zu dir durch die unendliche Liebe, die dein all=
mächtiger Sohn zu dir trägt, und die du zu ihm
trägst, sieh herab auf uns arme Sünder und
erbarme dich unser! Das Köstlichste in deinen

Augen, und das Herrlichste, was der Himmel
und die Erde gesehen haben, bringen wir dir
in Demuth dar — deinen geliebten Sohn Jesus
Christus unsern Mittler, durch den wir gewiß
Verzeihung zu erhalten hoffen. Sieh hin, o Vater, auf den Erlöser, und stoß nicht von dir die
Erlösten! Umarme in deiner Liebe den Hirten,
und schaue mit Barmherzigkeit auf die Schäflein,
die er mit solchem Verlangen suchte und um
deren willen er Schweiß und Blut vergoß! Ja,
dein geliebtester Sohn hat deine ferne verirrten
Geschöpfe wieder mit dir versöhnt. Er hat vor
dein Angesicht zurückgeführt die treulosen Knechte,
die das böse Gewissen flüchtig gemacht hatte,
damit sie, obwohl der Höllenstrafe würdig, wieder Vertrauen fassen konnten, die verlorne Hei-
math des Himmels wieder zu finden. — Heiliger
Vater! um der unaussprechlichen Verdienste deines Sohnes willen erbarme dich unser und verzeihe uns die Schuld unserer Sünden! Laß nun
unsere Gottlosigkeit durch seine Heiligkeit, unsern
Hochmuth durch seine Demuth, unsern Unge-
horsam durch seinen Gehorsam versöhnet werden!
Verleihe, daß wir statt unserer Hoffart seine
Niedrigkeit, statt unserer Ungeduld seine Geduld,
statt unserer Hartherzigkeit seine Güte, statt unserer Trägheit im Guten seine Willigkeit, statt
unserer Unruhe seine Gelassenheit, statt der Bitterkeit unseres Herzens seinen süßen Frieden, statt
unseres Zornes seine Sanftmuth, und statt unserer Feindseligkeit seine Liebe uns erwerben, und
durch treue Nachfolge als seine Jünger von
ihm einst anerkannt und in deine Wohnungen,

o himmlischer Vater! eingeführt werden mögen, durch denselben Jesus Christus, unsern Herrn. Amen.

Vater unser ꝛc.

## Gesänge.

## I.

1. Mein Gott, verzeihe mir, da mich die Sünden kränken,
Du liebst Barmherzigkeit, du wirst auch mir sie schenken.
Vergib durch Christi Leiden mir die verletzte Pflicht,
Verzeih', o Herr! ich bitte; verstoß' mich Sünder nicht.

2. Zum Zeugniß wahrer Buß' will ich in Furcht und Beben
Mein Heil zu wirken geh'n und suchen neues Leben;
Gleich dem verlornen Sohne will ich zum Vater geh'n,
Mit Demuth, Reu' und Thränen, Gott! deine Huld ersleh'n.

3. Ich übertrat so oft die göttlichen Gebote,
Lief zum Verderben hin und lief zu meinem Tode.
Ich liebte eitle Dinge und Weltvergnügen mehr;
Mein Herz ward voll von Sünden, von Liebe Gottes leer.

4. Dir, liebenswürd'ger Gott! von diesem Au-
   genblicke
   Geb' ich mein ganzes Herz als Eigenthum
   zurücke,
   Ich haſſe mein Vergeh'n, ich ſuche dich allein,
   Nur dich, mein Gott! zu lieben, ſoll mein
   Verlangen ſein.

5. Von nun an will ich nur nach ew'gen Gütern
   trachten,
   Zum Tode lieber geh'n, als dein Geſetz miß-
   achten.
   O Gott! ſteh' meinem Wollen mit deiner
   Gnade bei,
   Damit ich frömmer lebe und einſt dein
   Erbe ſei.

## II.

1. Mein Gott, mein Troſt und Zuverſicht!
   Du liebſt, du ſiehſt auf mich.
   Mein Herz, entzünd't von deinem Licht,
   Verlangt und ſucht nur dich.
   Du kamſt aus deines Vaters Schooß,
   Die Liebe ſandte dich.
   Wer iſt wie du im Lieben groß?
   :,: Du ſtarbſt am Kreuz für mich. :,:

2. Am Oelberg litt'ſt du Schmach und Schmerz
   Bis zu dem Lanzenſtich.
   Ich liebe dich: ſo ſpricht dein Herz;
   Und ich — wie lieb' ich dich?
   Haſt du ein Kreuz mir zugeſchickt,
   So liebſt und prüfſt du mich:

Bist du mit mir, bin ich beglückt;

:,: Ich trag's aus Lieb' für dich. :,:

3. Mich reuet meine Missethat,
   (Von Herzen schäm' ich mich)
   Die dich an's Kreuz geheftet hat;
   Verzeih', ich bitte dich.
   Gedenke nicht mehr meiner Schuld,
   Daß ich von dir abwich,
   Und schenk' mir wieder deine Huld;
   :,: Dieß, Jesus! bitt' ich dich. :,:

4. Ich lebe unter deiner Hut,
   Was du willst, will auch ich.
   Du gibst mir, was mir nütz und gut,
   Und sorgest stets für mich.
   Und wenn einst kommt der Todesschmerz,
   Laß mich Erbarmniß seh'n
   Und durch dein liebverwundet Herz
   :,: Zu dir im Himmel geh'n! :,:

## III.

1. Jesu Christe, für uns am Kreuz gestorben!
   Durch die heilige Wunde deiner rechten Hand,
   Herr! erbarme dich unser.

2. Jesu Christe, für uns am Kreuz gestorben!
   Durch die heilige Wunde deiner linken Hand,
   Herr! erbarme dich unser.

3. Jesu Christe, für uns am Kreuz gestorben!
   Durch die heilige Wunde deines rechten Fußes,
   Herr! erbarme dich unser.

4. Jesu Christe, für uns am Kreuz gestorben!
   Durch die heilige Wunde deines linken Fußes,
   Herr! erbarme dich unser.

5. Jesu Christe, für uns am Kreuz gestorben!
Durch die heilige Wunde deiner Seite, Herr!
erbarme dich unser.

---

# Kreuzwegandacht.

### Vorbereitungsgebet.

Jesu, mein göttlicher Lehrer und Erlöser! ich
will jetzt andächtig betrachten, auf was für einem
schmerzvollen Wege du mir in den Himmel vorangegangen bist. Dein heiliger Geist erleuchte
und stärke mich, daß ich in deine Fußstapfen
trete, und dir jetzt im Leben und im Leiden ge-
treu nachfolge, damit ich einst durch ein seliges
Ende zu dir komme, und mich mit dir und mit
allen Auserwählten erfreuen möge in Ewigkeit.

Mit dir, Jesus! will ich gehen
Auf den Kreuzweg, um zu sehen,
    Was du für mich hast gethan
    Auf der bittern Leidensbahn.
Durch dein Leiden und dein Sterben,
Herr! hilf mir das Heil erwerben;
    Laß doch deine Qual und Pein
    An mir nicht verloren sein!

## I. Station.

V. Jesu! das Andenken an dein Leiden und
Sterben

R. Halte mich vom Bösen ab und stärke mich
im Guten.

**Betrachtung.** Der unschuldige Jesus wird falsch angeklagt und zum schmählichen Kreuzestod verurtheilet. Er hatte Nichts, als Gutes gethan. Sein Geschäft war, die Menschen zu unterrichten, wie sie sich bessern, wie sie Gott gefällig und ewig glückselig werden sollten. Aber eben dadurch hatte er sich den Haß der Welt zugezogen, und der Kreuzestod war sein Antheil.

**Vorsatz.** An dich will ich denken, göttlicher Heiland! wenn ich unschuldigerweise, oder gar um des Guten willen Etwas zu leiden habe. Weltlohn oder Weltdank soll nie beim Recht= und Wohlthun meine Absicht sein. Noch viel weniger will ich jemal den Menschen zu Gefallen wider mein Gewissen handeln, oder aus Menschenfurcht das Gute unterlassen. Nur nach deiner göttlichen Lehre, für welche du gestorben bist, will ich mich richten, o Jesu! Du wirst einst mein Richter sein: wenn ich nur vor dir bestehe!

Vater unser ꝛc.

Du mein Jesu! du willst sterben,
Uns das Leben zu erwerben;
   Für uns im Gerichte steh'n,
   Ohne Schuld zum Tode geh'n.

## II. Station.

V. Jesu! das Andenken ꝛc.

**Betrachtung.** Willig nimmt mein Heiland das schwere Kreuz auf seine Schultern. Wie ein Lamm, das seinen Mund nicht öffnet, läßt er sich zur Schlachtbank führen, er, der Sanft= müthigste. Er ruft uns aber auch Allen zu:

„Lernet von mir, weil ich sanftmüthig vom Herzen bin. Wer mir nachfolgen will, der nehme sein Kreuz auf sich!"

**Vorsatz.** Ja, mein Heiland, ich nehme es auf mich, das Kreuz, das mir bereitet ist. Gott läßt mir gewiß nicht mehr auflegen, als ich ertragen kann. O! es ist gut für mich, daß ich zuweilen Etwas zu leiden habe. Auf solche Art will mich Gott gleichsam mit Gewalt zu sich ziehen, weil ich sonst im Wohlergehen weniger an ihn denken würde. Dieß ist der Weg zum Himmel. Jesu, du gehst mit dem Kreuze voran; ich folge dir, stärke mich!

Vater unser 2c.

Mit Geduld und ohne Klagen
Will das Kreuz mein Heiland tragen:
 Will als Hirt die Seelenschaar
 Suchen, die verloren war.

## III. Station.

V. Jesu! das Andenken 2c.

**Betrachtung.** Ach, wie viel hat mein liebevoller Heiland meinetwegen auf sich genommen? Das schwere Kreuz! oder vielmehr die Sünden der ganzen Welt, — auch meine Sünden! Wie groß war diese Last! Aber noch größer war seine Liebe zu uns. Er hat alles Leiden standhaft ertragen, um uns Vergebung der Sünden, die Gnade Gottes und das ewige Leben zu erwerben.

**Vorsatz.** Was ist mein Leiden gegen das deinige, unschuldiger Jesu! und, hab' ich es nicht meistens durch Leichtsinn mir selbst zugezogen?

Kann ich wohl über das klagen, was ich als Sündenschuld trage? O, ich will es geduldig tragen zu meiner Besserung und zur Abbüßung meiner Sünden. Gib mir deine Gnade dazu!

Vater unser 2c.

> Sieh! der Starke fällt zur Erden,
> Kraftlos will er für dich werden.
> Reuvoll wirf hier einen Blick,
> Sünder, auf dich selbst zurück!

## IV. Station.

V. Jesu! das Andenken 2c.

**Betrachtung.** O wie viel mußte das Mutterherz Mariens leiden, als sie ihren Sohn, zwischen zwei Missethätern mit dem schweren Kreuze wankend und entkräftet einhergehen sah! Wie mußte da der Schmerz, gleich einem Dolche, ihre Seele durchdringen!! Indessen bleibt sie die ergebene Magd des Herrn, die auch unter den bittersten Leiden nichts Anderes will, als was der Wille Gottes ist.

**Vorsatz.** Dieß soll auch mein Trost sein, wenn ich zu leiden habe. Der Wille des Herrn geschehe! Ohne seinen Willen fällt kein Haar von unserm Haupte: Denen, die Gott lieben, muß Alles zum Guten gereichen. Und endlich gibt es noch ein besseres Leben, in welchem Herrlichkeit auf Leiden folgen wird. In diese Herrlichkeit bist du, o mein Jesu! durch Leiden eingegangen. Auch ich bin bereit, dir zu folgen, göttlicher Führer!

Vater unser 2c.

Lieb' vereinigt treue Herzen,
Liebe theilet Leid und Schmerzen:
　　Sünder! sieh Marien an,
　　Wenn dein Herz nicht lieben kann.

## V. Station.

N. Jesu! das Andenken ꝛc.

**Betrachtung.** Simon hilft dem todtschwachen
Heilande das Kreuz tragen. Wer von uns denkt
nicht hiebei: O, wie glücklich hätte ich mich ge-
schätzt, wäre mir die Gelegenheit zu Theil geworden, Jesu diesen Dienst zu leisten? Aber er sagt
uns dagegen: „Was ihr dem Geringsten meiner
Brüder thut, das habt ihr mir gethan.“

**Vorsatz.** Wohlan also, ich bin bereit, so
oft ich einem meiner dürftigen Mitmenschen einen
Liebesdienst erweisen, ihm mit Rath und Trost
beispringen kann, dieses so gern und willig zu
thun, als wenn ich dir, o Jesu! selbst dienen
könnte. Anders kann ich deine Liebe nicht vergelten,
als daß ich aus Liebe zu dir alle Menschen liebe
und diese Liebe, wo ich kann, im Werke zeige.

Vater unser ꝛc.

Selbst ein Felsenherz muß brechen,
Hört man Jesum trostlos sprechen:
　　Keinen Tröster finde ich,
　　Jünger selbst verlassen mich.

## VI. Station.

N. Jesu! das Andenken ꝛc.

**Betrachtung.** Das holde Angesicht Jesu, des
Schönsten unter den Menschenkindern, war durch

Backenstreiche und triefendes Blut schrecklich ver=
unstaltet. Es war keine Zierde, keine
Gestalt mehr an ihm. Selbst dem Ver=
worfensten unter den Menschen wollte
er gleichen. Ist eine Sanftmuth, ist eine De=
muth, ist eine Liebe, wie die meines Heilandes?

**Vorsatz.** Tief sei dein Bild, o Jesu, meinem
Herzen eingedrückt! Deine Sanftmuth, deine
Geduld, dein Gehorsam, deine Liebe schwebe
mir stets vor Augen, besonders zur Stunde der
Versuchung und der Trübsal! Das Andenken an
dich sei mir Trost und Stärke! Und wenn einst
vor meinen sterbenden Augen Alles verschwinden
wird, sei mein letzter Blick auf dich gerichtet!
Zeig' mir dann dein holdes Angesicht, welches
die Freude des Himmels ist!

Vater unser 2c.

Weder Angst, noch Schmach und Leiden
Soll mich, Jesu! von dir scheiden,
Selbst das Leben soll mir Pein
Ohne deine Liebe sein.

## VII. Station.

V. Jesu! das Andenken 2c.

**Betrachtung.** Jesus wollte, um mit unseren
Schwachheiten Mitleiden zu haben, alle Schwach=
heit an sich selbst empfinden. Deßwegen ließ er auch
auf dem Kreuzwege die Folgen der Entkräftung
an sich so sichtbar werden. Dieß soll uns mit Zu=
versicht erfüllen, daß wir zur Zeit der Noth Barm=
herzigkeit erlangen und Hilfe finden werden.

**Vorsatz.** Wenn mich die Last der Sorgen drückt, wenn Kleinmuth mich anwandelt, wenn heftige und anhaltende Versuchungen mir zusetzen; so will ich vertrauensvoll auf die Verdienste deines heiligen Leidens, o Jesu! meinen Muth verdoppeln. Nichts soll meine Standhaftigkeit erschüttern; denn ich weiß: Gott verläßt die Seinen nicht, und wo alle Hilfe unmöglich scheint, ist Gottes Hilfe am nächsten.

Vater unser 2c.

Den die Himmel selbst nicht fassen,
Ist von Jedermann verlassen.
Er, der diese Welt erhält,
Er ist's, der zu Boden fällt.

## VIII. Station.

V. Jesu! das Andenken 2c.

**Betrachtung.** „Weinet nicht über mich, sondern über euch selbst und über eure Kinder." So spricht der mit dem Kreuze beladene Jesus zu den guten Seelen, die ihm trauernd begegneten. Er ist mehr für sie, als für sich selbst besorgt. Das Unglück seines Volkes geht ihm tiefer zu Herzen, als sein eigenes Leiden.

**Vorsatz.** Ich soll also mehr über meine Sünden weinen, o Jesu! als über dein hartes Leiden. Nachdenken soll ich, wie ich mir dein Leiden zu Nutzen machen, wie ich durch die Kraft desselben meine bösen Neigungen bezwingen, meine alten sündigen Gewohnheiten ablegen möge. Dieß ist's, was du von mir verlangest: nicht mein Mitleid, sondern mein Heil. Sieh, ich bereue meine Sünden, die dein Leiden verursachten, und fasse den festen Vorsatz, mich zu bessern.

Vater unser 2c.

Höre, Sünder! Jesu Lehren,
Um dich ernstlich zu bekehren.
Weine, spricht er, nicht um mich,
Weine vielmehr über dich!

## IX. Station.

V. Jesu! das Andenken 2c.

**Betrachtung.** Ganz erschöpft an Kräften war mein Heiland durch die martervolle Nacht, in der man ihn von einer Gerichtsstätte zur anderen schleppte, durch die heftigen Geiselstreiche, durch die schmerzhafte Verwundung am Haupte. Wie schwer mußte ihm demnach sein Kreuz werden auf dem Wege nach Golgatha? Dennoch seine Geduld ermüdet nicht, seine Liebe unterlieget nicht. Gehorsam bis zum Tode — bis zum Tode des Kreuzes, vollendet er das Werk, das ihm von dem himmlischen Vater aufgetragen war, das Werk unserer Erlösung.

**Vorsatz.** Das Joch, welches du mir auflegest, o Jesu! ist sanft, und deine Bürde ist leicht. Deine Lehre ist Anweisung zur Glückseligkeit, dein Gebot ist Liebe. Dazu gibst du mir noch deine Gnade und verheißest mir ewige Belohnung. Und ich sollte verzagen, wenn meine Pflichterfüllung mich zuweilen Ueberwindung und Selbstverläugnung kostet! Nein, ich will standhaft handeln, und ausharrend leiden, weil nur

Dem, der bis zum Ende beharret, die Seligkeit versprochen ist.

Vater unser ꝛc.

Ach! mein Heiland sinkt schon wieder
Unter seiner Bürde nieder:
Sinkt zum dritten Male hin
Für mich, der ich Ursach' bin.

## X. Station.

X. Jesu! das Andenken ꝛc.

**Betrachtung.** Grausam werden meinem Heilande die Kleider vom Leibe gerissen. Wie schmerzlich mußte ihm diese Entblößung sein! Als Mittel gegen seine Entkräftung wird ihm mit Myrrhen vermengter Wein gereicht. So sollte ihm selbst das Labsal zur Marter gemacht werden!

**Vorsatz.** Und ich sollte noch freche Ueppigkeit und verbotene Wollust lieben, wenn ich deinen zerfleischten jungfräulichen Leib, dein mit Dornen gekröntes Haupt, deine blutenden Wunden betrachte, mein göttlicher Heiland! Nein, ich will mich von der Sünde und von Allem, was mich zur Sünde reizet, losreißen. Ich will, so hart es mir vorkommen mag, mein Fleisch mit seinen Begierlichkeiten abtödten. Durch deinen Beistand, o Jesu! ist mir Alles möglich.

Vater unser ꝛc.

Ach, was mußte Jesus leiden!
Und ich wollte Das nicht meiden,
Was der Trieb des Fleisches sucht?
Bitter ist der Sünde Frucht.

## XI. Station.

V. Jesu! das Andenken 2c.

**Betrachtung.** Mit unbeschreiblicher Qual wird mein Heiland an das Kreuz geheftet. Diese grausame Streckung der Glieder, die mit Nägeln durchschlagenen Hände und Füße, die aufge= rissenen, sich mehr und mehr erweiternden Wun= den — wer kann sie ohne Entsetzen denken? So viel wollte Jesus von Sündern leiden! So viel kostete ihn die Erlösung der Sünder!

**Vorsatz.** Aus der Größe deiner Leiden, o mein Jesu! erkenne ich die Größe deiner Liebe. Wie kann ich dir genug dafür danken? Mein ganzes Herz und mein ganzes Leben sei dir mit ewiger Treue gewidmet! Fern sei es von mir, zu glauben, daß ich dir zu Liebe jemals zu viel thun, oder zu viel leiden könne!

Vater unser 2c.

Jesus läßt, für mich zu büßen,
Ströme seines Blutes fließen.

   Schenk' mir, Retter, deine Huld,
   Tilge meine große Schuld!

## XII. Station.

V. Jesu! das Andenken 2c.

**Betrachtung.** Nun sind die Anschläge der Feinde Jesu erfüllt. Jesus hängt am Kreuze. Doch, was sage ich? „Niemand," spricht er, „nimmt mein Leben von mir, sondern ich gebe es selbst dahin." Er ist aufgeopfert worden,

weil er selbst wollte. Nicht seine Peiniger haben
ihn angeheftet, sondern seine Liebe. Darum
liefert er am Kreuze noch den letzten Beweis
seiner Liebe. Mit sterbender Stimme betet er
zum Vater für seine Ankläger, für seine Richter
und Peiniger — um Vergebung, — läßt dann
sein mattes Haupt sinken, und — stirbt.

**Vorsatz.** Gekreuzigter Herr Jesu Christe! deine
Liebe hat mich tief gerührt. Nach deinem hei=
ligen Beispiele verzeihe ich allen Denen, die mich
jemals beleidiget haben. Aus Liebe zu dir will
ich mich gegen meine Feinde nicht nur mit
Worten, sondern auch im Werke liebreich be=
tragen, weil dieses dein heiliges Gebot ist,
und weil ich an den Früchten deines Kreuztodes
keinen Theil haben kann, wenn ich nicht meinen
Beleidigern von Herzen verzeihe. Gib mir die
Gnade dazu! Amen.

Vater unser ꝛc.

Lern', o Christ, auch Feinde lieben,
Die dich hassen und betrüben,
Weil dein Jesus für dich stirbt,
Und Vergebung dir erwirbt!

## XIII. Station.

℣. Jesu! das Andenken ꝛc.

**Betrachtung.** Der Leichnam Jesu wird vom
Kreuze abgenommen und in den Schooß seiner
Mutter gelegt. Hier traf buchstäblich an Maria
ein, was der gerechte Simeon ihr geweissaget
hatte: „Das Schwert der Schmerzen wird deine

Seele durchdringen." Indessen war es doch einiger Trost für Maria, den entseelten Leichnam Jesu in ihrem mütterlichen Schooße zu besitzen, seine Wunden trocknen zu dürfen und sein Bild tief ihrer Seele einzuprägen.

**Vorsatz.** Maria, die heiligste Jungfrau, soll mein Muster sein, wie man das Leiden Jesu nützlich betrachten müsse. Von ihr will ich lernen, das Andenken seines Todes tief meinem Herzen einzuprägen, damit ich desselben bei jedem Reiz zur Sünde mich erinnere und jeder Versuchung mit Kraft und Entschlossenheit widerstehe.

Vater unser 2c.

> Schmerzensmutter, lehr' die Deinen
> Jesu Sterben so beweinen,
>     Daß wir, voll von heil'ger Reu',
>     Bleiben von der Sünde frei!

## XIV. Station.

V. Jesu! das Andenken 2c.

**Betrachtung.** Endlich hat mein Heiland nach dem mühevollsten Leben und nach dem schmerzlichsten Tode seine Ruhe in dem Grabe gefunden, aber nur, um aus demselben nach drei Tagen glorreich wieder aufzustehen. Das Grab ist das Ende der Plagen dieses Lebens; es ist für den Christen der fruchtbare Acker, wo sein Leib, wie der Saame in der Erde, verborgen liegt und verweset, um einst zu einem unvergänglichen Leben wieder erweckt zu werden.

**Vorsatz.** So gewiß mein Erlöser vom Grabe erstanden ist, so gewiß werde auch ich zur Herrlichkeit einst auferstehen, wenn ich anders so lebe, daß ich selig sterben kann. So will ich also den Anblick des Grabes nicht scheuen, sondern vielmehr am Rande desselben meine einstige Auferstehung mir vorstellen. Ich will nicht müde werden, Gutes zu thun, damit ich am Tage der Vergeltung zur ewigen Freude erwachen möge.

Vater unser 2c.

Jesus ruhet in dem Grabe.
Herr! was ich gesündigt habe,
 Das nimm Alles weg von mir
 Und begrabe es mit Dir.
Durch dein Leiden 2c.

### Schlußgebet.

Ich habe nun die Betrachtung deines Leidens vollendet, mein göttlicher Heiland! Ich habe die guten Vorsätze gefaßt, die mir dein heiliges Beispiel einflößte, und die mir zu meiner Besserung so unumgänglich nothwendig sind, wenn ich den rechten Weg zum Himmel betreten will. O, möchte ich doch nie wieder vergessen, was ich, durch deine Gnade gerührt, mir vorgenommen habe! Möchte mir doch dein Bild, o gekreuzigter Heiland, allenthalben begegnen, mir auch unter meinen Geschäften, unter meinen Erholungen, besonders aber unter den gefahrvollen Umständen des Lebens, die mir Versuchung zur Sünde werden können, stets gegenwärtig sein! Gott, der du mir das Wollen gegeben hast, gib mir auch das Vollbringen! Amen.

# Oelbergandacht.

## Gebete.

### 1.

O Jesu, mein Heiland, mein Gott und Herr! der du am Oelberge um der sündigen Menschheit willen die tiefste Traurigkeit und schwerste Angst gelitten hast, anbetend werfe ich mich vor dir nieder und führe mir jene bitteren Seelenleiden zu Gemüthe, mit denen du am Vorabende deines großen Sterbetages gerungen hast. Mit heiliger Rührung stelle ich dich, o göttlicher Heiland! meinem Geiste vor, wie du beim letzten Abendmahle zärtlichen Abschied von deinen lieben Aposteln und Jüngern nimmst; wie du sie väterlich tröstest, ihnen den letzten Segen ertheilest und dann die undankbare Stadt Jerusalem verlässest, wo schon so blutige Auftritte deiner warten. In Begleitung deiner Jünger begibst du dich über den Bach Cedron, weissagest ihnen dein schweres Leiden und eröffnest dein trauervolles Herz mit den Worten: „Meine Seele ist betrübt bis in den Tod." Und nun erblicke ich dich, o mein Jesus! auf dem Oelberge, jenem Orte, wo du schon vorher so oft zu deinem himmlischen Vater gebetet hattest. Hier entfernst du dich etwas von deinen Jüngern und bereitest dich im Gebete zu jenem großen Opfer vor, welches du gar bald mit Blut und Tod entrichten sollst. Aber schon ergreift banges Zittern

deinen ganzen Körper; das Angstgefühl deines
herannahenden Leidens erfüllt dein Herz mit der
größten Traurigkeit und wirkt so sehr auf deine
menschliche Natur, daß ein heftiger Schweiß wie
Blutstropfen von deinem heiligen Angesicht auf
die Erde herabrinnt und es deutlich verkündigt,
was in deiner Seele vorgeht. — So traurig,
so tief gebeugt sehe ich dich also, mein göttlicher
Erlöser! am Oelberge. Doch nicht allein die
Vorempfindung deines nahen Leidens und Todes
ist es, daß du einen so schweren Kampf mit
Betrübniß und Angst zu bestehen hast, sondern
der Undank deines Volkes, für dessen Erlösung
du gekommen bist; die Sünden der Welt und
die Vorstellung, daß so viele Menschen in Ver-
harrung der Sünde aus eigener Schuld zu Grunde
gehen würden: dieß verursacht am meisten deine
große Seelenqual. O mein Gott und Heiland!
wenn ich nun dieses erwäge, wie fürchterlich liegt
das Uebel der Sünde in seiner ganzen Größe vor
mir! welch ein Schauer ergreift meine Gebeine,
und mit welcher Bitterkeit fühle ich es, daß ich
dich durch die Sünde so oft beleidigte!

Zu dir, o liebevollster Jesu! rufe ich um Erbarmniß, und bitte dich durch deinen blutigen
Angstschweiß um Verzeihung und Gnade. Sende
mir einen Strahl deiner himmlischen Erleuchtung,
damit ich alle meine Sünden und den dadurch
an dir begangenen Undank recht lebhaft erkenne
und mit bitterster Reue erfüllt werde. Stärke
mich, daß ich die dafür wohlverdienten Strafen
mit Demuth und Geduld ertrage und wahre
Früchte der Buße bringe. Unterstütze mit deiner

heiligen Gnade meinen Vorsatz, das Uebel der
Sünde und jede Gelegenheit dazu zu meiden,
und laß mich gegen dein bitteres Leiden jederzeit
dankbar sein. Amen.

Vater unser ꝛc.

## 2.

O du bis in den Tod betrübter Heiland der
Welt! Noch verweile ich im Geiste auf der trauer=
vollen Stätte des Oelberges und richte meine
Thränenblicke zu dir, um dich mit schmerzlichster
Theilnahme in deinem immer mehr zunehmenden
schweren Kampfe zu betrachten. Schon ist sie
hereingebrochen, die schauerliche Nacht, und immer
näher rückt sie heran, die schreckliche Stunde, wo
du nach deiner eigenen Weissagung den Händen
der Sünder sollst überliefert werden. Ja, schon
ist er in der Nähe, der Verräther Judas mit der
wilden Rotte barbarischer Kriegsknechte, um dich,
den Heiligsten, den Unschuldigsten, den je die
Erde gesehen hat, gleich einem Missethäter ge=
fangen zu nehmen. Und so stehst du, mein Jesu!
schon im Angesichte des Todes. Mit jedem Augen=
blicke vermehrt sich deine Bangigkeit, dein Zittern
und Beben am ganzen Körper; immer heißer und
heißer wird dein angstvoller Kampf, und immer
mehr wird die Erde von deinem blutigen Angst=
schweiße befeuchtet; du ringest und kämpfest in
einem Meere von Leiden, suchst Theilnahme bei
deinen Jüngern, weckest sie aus dem Schlafe und
forderst sie wiederholt zum Wachen und zum
Gebete auf. Kraftlos sinkst du dreimal zu Bo=
den auf dein heiligstes Angesicht nieder, und im
Drange der größten Bitterkeit brichst du in die

Worte aus: „Vater, ist es möglich, so laß diesen
Kelch des Leidens an mir vorübergehen!" So
klagst du, mein Heiland! unter den Stürmen
deiner Angst. O du Wahrheit und Unschuld
selbst! welch große Seelenqual mußtest du schon
vor dem Antritte deines Leidens und Todes der
sündigen Menschen wegen empfinden! Wo sind
Thränen, wo sind Worte, mit denen wir Men=
schen unsere tiefste Rührung und Theilnahme und
unseren innigsten Dank für deine unendliche Liebe,
o göttlicher Erlöser! ausdrücken können? Doch
du willst nicht Thränen und Worte, sondern du
verlangst thätige Gegenliebe, ernstliche Reue und
Buße, von der Sünde gereinigte Herzen, und
daß wir uns durch Tugend und Heiligkeit der
Früchte deiner Erlösung theilhaftig machen sollen.
O, so soll denn auch die stete Erinnerung an
dich, o tief trauernder Heiland! mein Innerstes
erschüttern: und mich jederzeit von dem Greuel
der Sünde abschrecken. Für mich und für die
Sünden der Welt empfingst du den bitteren Kelch
des Leidens: ich will also das theuer errungene
Heil meiner Seele nicht undankbar durch Sünde
und Laster verscherzen, sondern dir, o Gott! nur
allein leben. Segne mich hiezu durch deine Alles
vermögende Gnade! Amen.

Vater unser ꝛc.


### 3.

O mein liebevollster Jesu! tief gerührt be=
trachte ich dich endlich in den letzten Augenblicken
deiner bittersten Angst. Aber schon vermindern
sich deine bangen Gefühle; schon verbreitet sich

sanfter Friede über dein beängstigtes Gemüth, und himmlische Seelenruhe glänzt in deinem göttlichen Auge. Du richtest dich auf durch die siegreiche Kraft des Gebetes, und mit Vertrauen, mit Gehorsam, mit voller Ergebung in den Willen deines himmlischen Vaters nimmst du ihn an, den bitteren Kelch des Leidens, sprechend: „Vater, nicht wie ich will, sondern wie du willst." Und nun sendet dir Gott, dein Vater, zwar nicht aus Bedürfniß, sondern uns Menschen zum Beispiele, einen Engel, der dich tröstet und stärkt. Und so gehst du denn entschlossen und willig deinem schweren Leiden und Tode entgegen.

O mein gütigster Heiland! mit zerknirschtem Herzen sinke ich armer, sündiger Mensch vor dir nieder, und mit Thränen heiliger Rührung bete ich dich an und danke dir für deine göttliche Liebe, mit der du freiwillig zur Rettung des sündigen Menschengeschlechtes die schwerste Angst gelitten und den bitteren Leidenskelch angenommen hast. Ich bitte dich inständigst, daß du mir die Gnade verleihen wollest, in allen Nöthen und Anliegen voll des Vertrauens meine Zuflucht zu deiner Barmherzigkeit zu nehmen. Gib, daß mein Wille deinem Willen allzeit unterwürfig und gleichförmig sei. Laß mich in den trüben Kummerstunden dieses Lebens durch die Kraft des Gebetes ermuntert und gestärkt jede Kleinmuth standhaft besiegen. Besonders bitte ich dich, liebevollster Jesu! durch deinen Todeskampf, du wollest mir in der letzten Stunde meines Hinscheidens zu Hilfe kommen und Stärke und Zuversicht auf deine unendliche Barmherzigkeit in meine Seele

strömen. Verlaß mich nicht in dem letzten Kampfe
des Lebens mit dem Tode, wo die äußerste Be=
trübniß und Angst, Furcht und Zittern mein Herz
überfallen wird! Gib mir dann, o Jesu! deinen
heiligen Frieden, und gleichwie dir dein himm=
lischer Vater einen Engel gesandt hat, dich zu
stärken und zu trösten; also sende mir auch deinen
heiligen Engel, der mir alsdann beistehe, mich in
meiner Todesangst tröste und gegen alle Versuchun=
gen stärke! Ja, laß, o Herr! an meinem Ende
die Macht der Sünde nicht über mich herrschen.
Stärke und waffne mein Herz durch deine gött=
liche Kraft und durch das Beispiel deiner Geduld,
damit mich weder Angst, noch Widerwärtigkeit,
weder Schmerz, noch Versuchung ungeduldig
mache, sondern ich mich vielmehr in Allem dei=
nem göttlichen Willen unterwerfe und wie du,
mein Heiland! zum himmlischen Vater spreche:
„Nicht mein, sondern dein Wille geschehe!“ Und
so laß mich denn bis zum letzten Hauche dieses
Erdenlebens in deiner Gnade verharren, daß ich
den Tod des Gerechten sterbe und dann zu dir und
deinen Auserwählten in die ewigen Freuden des
himmlischen Paradieses aufgenommen werde.
Dieß bitte ich dich, o Jesu! durch deine Angst
und Traurigkeit am Oelberge, durch alle deine
vergossenen Blutstropfen und Zähren und durch
dein bitteres Leiden und Sterben. Amen.

Vater unser 2c.

### Gesang.
**Mein Gott, mein Trost und Zuversicht.**
Siehe Seite 140.

# Andacht am Charfreitage.

## Die sieben Worte Jesu am Kreuze.

### 1.

O Herr, Jesus Christus, der du am Stamme des heiligen Kreuzes allen deinen Beleidigern nicht nur von Herzen verziehen, sondern auch für sie mit Blut und Thränen gefleht und zu deinem Vater gerufen hast: „Vater, verzeih' ihnen, denn sie wissen nicht, was sie thun!" Verleihe mir, daß ich Allen, die mich je beleidiget haben, so vollkommen verzeihe, wie du verziehen hast, damit ich hinwieder vollkommene Vergebung meiner vielen und schweren Sünden von dir erlangen möge! Amen.

Vater unser 2c.

### 2.

O Herr, Jesus Christus, der du erhöht am heiligen Kreuze dem büßenden Mörder solche Erkenntniß und Bereuung seiner Sünden verliehen hast, daß er gewürdiget wurde, von dir das trostreiche Wort zu hören: „Heute noch wirst du bei mir sein im Paradiese!" Gib auch mir einen solchen Geist der Bußfertigkeit, daß ich in meiner Todesstunde durch ein gleiches Trostwort vom heiligen Geiste erquickt und noch an demselben Tage in das Paradies aufgenommen werde! Amen.

Vater unser 2c.

### 3.

O Herr, Jesus Christus, der du vom Kreuze
herab deine jungfräuliche Mutter dem Schutze
deines geliebten Jüngers mit den Worten empfohlen hast: „Mutter, sieh deinen Sohn! Sohn,
sieh deine Mutter!" Verleihe, daß ich jetzt und
immer deine gebenedeite Mutter als meine wahrhafte Mutter anerkenne, von Herzen sie verehre
und ihr in vollkommener Liebe anhänge! Amen.

Vater unser rc.

### 4.

O Herr, Jesus Christus, der du, ausgespannt
am Kreuze, in ein solches Meer der Qual und
Trauer versenkt warst, daß du ausriefst: „Mein
Gott, mein Gott, warum hast du mich verlassen!" O, verlaß mich nimmermehr in meinem Kreuz und Leiden; erquicke mich in der
Kleinmuth meines Herzens; tröste mich in meiner
geistigen Verlassenheit und stärke mich in meiner
Todesangst! Herr, mein Gott, erbarme dich
meiner! Hilf mir, mein König und mein Gott,
der du durch dein eigenes Blut mich erlöset hast!
Amen.

Vater unser rc.

### 5.

O Herr, Jesus Christus, der du in unaussprechlicher Pein am Kreuze den brennendsten
Durst empfunden hast, so daß du klagend ausriefst: „Mich dürstet!" O Herr Jesus! der du in
Todesnoth mit dem bittern Essig- und Gallen-
tranke getränkt wurdest, verleihe mir, daß ich

immer nach dir dürſte, du Quell des Lebens; daß ich dir nie mehr den bittern Gallentrank meiner Sünde reiche, von dir aber in meiner letzten Stunde mit deinem heiligen Blute erquickt und getränkt werden möge! Amen.

Vater unſer ꝛc.

### 6.

O Herr, Jeſus Chriſtus, der du in Todes= angſt am Kreuze ringend nach vollbrachtem Er= löſungswerke ſterbend ausriefſt: „Es iſt voll= bracht!" Verleihe mir, daß ich den Willen deines himmliſchen Vaters in meinem Thun und Leiden allzeit auf das Gehorſamſte vollziehe und in meiner letzten Stunde getröſtet ſprechen kann: „Vater, es iſt vollbracht!" — vollbracht zu deiner höchſten Ehre, zur Erbauung meiner Mitmenſchen und zum Heile meiner armen Seele! Amen.

Vater unſer ꝛc.

### 7.

O Herr, Jeſus Chriſtus, der du, dein heiliges Haupt am Kreuze neigend, vor deinem heiligſten Hintritte mit lauter Stimme aufſchrieeſt: „Vater, in deine Hände befehle ich meinen Geiſt!" Laß dir meine Seele jederzeit, beſonders aber, wenn meine letzte Stunde gekommen iſt, befohlen ſein; nimm mich auf, der ich zu dir zurückkehre; ver= ſchließ dann deine Erbarmungen nicht, wenn ich, von Todesnacht umſchattet, ſterbend zu dir ſeufze: „Vater, in deine Hände empfehle ich meinen Geiſt!" Amen.

Vater unſer ꝛc.

## Gesang.

1. Bei dem Kreuz, d'ran er gehangen,
Stand mit thränennassen Wangen
   Mutter Jesu schmerzdurchwühlt.
Ach, es sind des Schwertes Schmerzen,
Einst verkündet ihrem Herzen,
   Die sie jetzt im Busen fühlt!

2. Ach, wie traurig und wie trübe
Steht die Mutter schöner Liebe,
   Sie — die Auserwählte, da!
Todesangst sinkt auf sie nieder,
Da sie die zerriss'nen Glieder
   Ihres liebsten Sohnes sah.

3. Wer soll bei so herben Peinen
Nicht mit dieser Mutter weinen?
   Ach! wer fühlt nicht ihre Noth?
Wer erwäget ohne Schauer
Der verwaisten Mutter Trauer
   Ueber ihres Sohnes Tod?

4. Jesum sah sie festgebunden
Und zerfleischt von tausend Wunden
   Für der Menschen Missethat.
Sah verschmachten ihn, verlassen,
Dürstend an dem Kreuz erblassen,
   Ihn, den sie gesäuget hat.

5. Gib, o Mutter, Quell der Liebe!
Daß ich mich mit dir betrübe,
   Bring' mir deine Schmerzen bei:
Schmerzen, die die Lieb' entzünden,
Die mich stets mit Gott verbinden,
   Daß ich ihm gefällig sei.

6. Drücke deines Sohnes Wunden,
So, wie du sie selbst empfunden,
  Kräftig meinem Herzen ein,
Daß ich weiß, was er in Banden
Und am Kreuze ausgestanden:
  Laß mich fühlen diese Pein!

7. Laß mich mit dir wahrhaft klagen
Und ein herzlich Mitleid tragen
  Bis zu meiner Sterbestund'!
Ich will mich zum Kreuze stellen,
Deinem Schmerz mich beigesellen,
  Von Betrübniß mit dir wund.

8. Jungfrau, der Jungfrauen Krone,
Theil' die Lieb' zu deinem Sohne,
  Theile deinen Schmerz mit mir!
Laß mich' auch für Christus sterben,
Mach' zu seines Leidens Erben
  Mich, den armen Sünder, hier!

9. Ich will auch das Kreuz umfangen
Und mit seinen Wunden prangen,
  Bis mein Aug' im Tode bricht.
Brennen in mir solche Flammen,
Wird er einst mich nicht verdammen,
  Wenn für mich die Mutter spricht.

10. Christus, laß bei meinem Scheiden
Deine Mutter mich geleiten
  Zu des Sieges Ehrenkranz!
Mach', daß, wird mein Leib zur Erde,
Meiner Seele Erbtheil werde
  Jenes Paradieses Glanz!

# Charsamstag.

## Zur Auferstehungsfeier.

### Gebet.

O Jesus, mein huldreicher, unendlich gütiger Herr! Du hast dich gewürdiget, wegen unserer Sünden zu sterben, und bist wegen unserer Recht= fertigung auferstanden. Ich bitte dich durch deine glorreiche Auferstehung, wecke mich aus dem Grabe aller meiner Vergehungen und Sünden auf, reiche mir Armseligen deine liebevolle Hand, laß mich zu dir kommen und durch dich, leben= diges Himmelsbrod! erquicket werden, damit ich neue Kraft erhalte, auf den Flügeln heiliger Sehnsucht erhoben, aus diesem Thränenthale zu deinem himmlischen Reiche mich zu erschwingen.

O, wann werde ich dich sehen im Lande der Lebendigen! denn in diesem Lande der Sterblichen kann dich mein irdisches Auge nicht sehen. So lange wir uns in diesem Leibe aufhalten, sind wir von dir weg, o Herr! verreiset: wir haben hier keine bleibende Stätte, sondern wir suchen die zukünftige auf, die in dem Himmel ist. Glücklich Jene, deren einzige Hoffnung du bist, o Herr! die, noch im hinfälligen Leibe eingeschlos= sen, in etwas deine Süßigkeit verkosten können.

O, ich bitte dich durch deine heilbringenden Wunden, die du am Kreuze für unsere Rettung hast empfangen wollen, aus denen jenes kostbare Blut, der Preis unserer Erlösung, herausgeflossen

ist, verwunde meine sündige Seele, für die du
aus Liebe gestorben bist, verwunde sie mit deiner
feurigen, mächtigen Liebe, damit sie zu dir sagen
kann: „Ich bin aus Liebe zu dir verwundet!"
daß aus dieser segensvollen Wunde bei Tag
und Nacht reichliche Thränen hervorquellen, aus
Sehnsucht nach deinem herrlichen Anblick!

Ich will in diesem Erdenleben keinen Trost
annehmen, bis ich der Gnade gewürdigt werde,
dich, o meine Liebe, mein Gott und Herr, mein
einziges Heil und Leben! in der Herrlichkeit zur
Rechten des Vaters zu erblicken und mit Denen,
welche du dir auserwählt hast, deine Majestät
in Demuth anzubeten.

Dann will ich voll unaussprechlicher, ewiger
Himmelswonne mit Allen, die dich lieben, ausrufen: „Preiset mit mir die Erbarmungen des
Herrn! Ich sehe, habe und besitze den Gegenstand
meines Verlangens, meiner Hoffnung und Sehnsucht. Ich bin mit Dem vereiniget, an den ich
auf Erden geglaubt, den ich geliebt habe. Ich
lobe, preise und bete an meinen Gott, der da
lebet und herrschet von Ewigkeit zu Ewigkeit!"
Amen.                               (St. Augustinus.)

# Andacht am Osterfeste.

## Gebete.

### Litanei zum heiligsten Namen Jesu.
Siehe Seite 76.

X. Der Herr ist vom Grabe erstanden, Alleluja!
R. Der am Kreuze gehangen, Alleluja!

O Gott! der du durch den Sieg deines eingebornen Sohnes über den Tod uns den Ein-
gang zur ewigen Seligkeit wieder geöffnet hast;
steh uns mit deiner Gnade bei, daß wir die
heiligen Wünsche, welche du selbst uns eingeflößt,
auch in der That vollbringen mögen. Durch
Jesum Christum, unsern Herrn. Amen.

### 1.

Heilig, heilig, heilig ist der Herr der Heerschaaren; voll sind Himmel und Erde der Majestät seiner Glorie. Alleluja! Lasset uns freudig
sein und frohlocken und Ehre bringen dem Herrn!
Würdig ist das Lamm, das getödtet ward, zu
empfangen Lob und Klarheit, Weisheit und
Danksagung, Ehre und Anbetung. Alleluja!
Lobsinget dem Herrn unserm Gott, alle seine
Diener und Alle, die ihr ihn fürchtet, Kleine
und Große! Heil und Glorie und Stärke sei
Dem, der auf dem Throne sitzt, und dem Lamme
in Ewigkeit! Wir danken dir, allmächtiger
Gott, König der Ewigkeit, der du bist und
warst und sein wirst, daß du deine Gewalt und

Glorie mitgetheilt haſt Chriſto deinem Geſalbten.
Hocherhöht ward nun das Heil und die Kraft
und das Reich unſeres Gottes und Chriſti, ſeines
Sohnes. Geſtürzt iſt die Gewalt des Feindes,
überwunden und gebrochen der Stachel des
Todes. Ehre ſei dem Vater und dem Sohne
und dem heiligen Geiſte, wie ſie war im An=
beginn, jetzt und in Ewigkeit. Alleluja! —
Und ich, das letzte deiner Geſchöpfe, erſcheine vor
dir, o Herr, du König der Könige! und opfere
mein ganzes Weſen und alle Kräfte meiner Seele,
ſo lang ich athmen werde, zu deinem heiligen
Dienſte und zur Verherrlichung deiner glorreichen
Auferſtehung. Amen. Alleluja! (St. Mechtildis.)

Vater unſer ꝛc.

## 2.

Anbetungswürdigſter Erlöſer und Herr! mit
innigſter Freude gedenken wir deiner ſiegreichen
Auferſtehung. Mit unausſprechlicher Liebe haſt
du auch den Tod und die Hölle beſiegt. Du biſt
nun als Sohn des ewigen Vaters der Welt dar=
geſtellt und verherrlicht; deine Vermittlung für
unſere Sünden iſt für angenommen erklärt; die
Göttlichkeit deiner Lehre iſt beſtätigt, und die
ſelige Unſterblichkeit wie die künftige Aufer=
ſtehung unſeres Leibes hat ein ſicheres Unterpfand
erhalten. Sei ewig geprieſen, göttlicher Mittler,
für alle dieſe Wohlthaten! Unſer ganzes Leben
ſei ein thätiger Dank für all das Gute, welches
wir durch dich hier und in Ewigkeit genießen
werden. Unterſtütze uns nur mit deiner mächtigen
Hilfe, damit wir ganz der Sünde abſterben und

einzig der Tugend leben! So werden wir uns
zu den höheren Freuden der seligen Unsterblich=
keit vorbereiten, welche wir dereinst mit verklär=
tem Leibe in dem Reiche deines Vaters genießen
werden. Amen.

Vater unser 2c.

### 3.

Huldvollster Jesu! Du hast dich gewürdiget,
wegen unserer Sünden zu sterben, und bist zu
unserer Rechtfertigung auferstanden. Ich bitte
dich durch deine glorreiche Auferstehung und Ver=
herrlichung, wecke mich aus dem Grabe meiner
Sünden auf, reiche mir Armseligen deine liebe=
volle Hand, laß mich zu dir kommen und durch
dich, lebendiges Himmelsbrod! erquicket werden,
damit ich neue Kraft erhalte und mit heiliger
Sehnsucht aus diesem Thränenthale mich zu dei=
nem himmlischen Reiche emporschwinge. -- Wir
haben hier keine bleibende Stätte, sondern wir
suchen die künftige auf, die im Himmel ist. O,
wann werde ich dich doch einmal sehen dort, im
Lande der Lebendigen! Wann werde ich der
Gnade gewürdiget werden, dich, o meine Liebe,
mein einziges Heil und Leben, in der Herrlichkeit
zur Rechten des Vaters zu erblicken und mit dei=
nen Auserwählten anzubeten! Dann will ich
voll unaussprechlicher Wonne mit Allen, die dich
lieben, ausrufen: Preiset mit mir die Erbar=
mungen des Herrn! Ich sehe und besitze nun den
Gegenstand meines Verlangens und meiner Sehn=
sucht! Ich bin nun auf ewig mit Dem vereinigt,
an den ich auf Erden geglaubt, auf den ich

gehofft, den ich geliebt habe; ich preise und bete an dich, meinen Gott, der du herrschest von Ewigkeit zu Ewigkeit. Amen.

Vater unser ꝛc.

## Gesänge.

### I.

1. Der Heiland ist erstanden,
   Befreit von Todesbanden,
      Der als ein wahres Osterlamm
      Für uns den Tod zu leiden kam. Alleluja.

2. Nun ist der Mensch gerettet,
   Der Satan angekettet:
      Der Tod hat keinen Stachel mehr,
      Der Stein ist weg, das Grab ist leer. Allel.

3. Der Sieger führt die Schaaren,
   Die lang gefangen waren,
      In seines Vaters Reich empor,
      Das Adam sich und uns verlor.  Alleluja.

4. O, wie die Wunden prangen,
   Die er für uns empfangen!
      Wie schallt der Engel Siegesfang
      Dem Starken, der den Tod bezwang! Allel.

### II. *)

1. Freut euch, er ist erstanden,
      Der Herr, aus eig'ner Macht,
   Die Hölle liegt in Banden,
      Die Freiheit ist gebracht!

---

*) Mel.: Gott soll gepriesen werden ꝛc.

Kein Grab kann ihn umschließen,
　Nichts kann ihm widersteh'n;
Der Tod liegt ihm zu Füßen!
　O, welch ein Wiederseh'n! Alleluja, Allel.

2. Die Jünger seh'n den Schimmer,
　Der seinen Leib verklärt:
Sie seh'n und zweifeln nimmer,
　Ihr Glaube ist bewährt.
Sie stehen fest im Herzen:
　Mit unerschrock'nem Muth
Geh'n sie in Tod und Schmerzen
　Und opfern gern ihr Blut. Alleluja, Allel.

3. Der Friede, der auf Erden
　Uns selig machen kann,
Soll herrschend bei uns werden:
　Das wünscht der Herr uns an.
Singt frohe Dankeslieder
　Für das, was Christus that,
Der uns als seine Brüder
　Nun angenommen hat! Alleluja, Alleluja.

---

# Andacht am Feste der Himmelfahrt Christi.

## Gebete.

### Litanei zum heiligsten Namen Jesu.
#### Siehe Seite 76.

V. Er ist gegangen zu seinem und zu unserm
Vater. Alleluja!

R. Zu seinem Gott und zu unserm Gott. Alleluja!

Allmächtiger Gott! wir glauben feſt, daß am heutigen Tage dein Eingeborner, unſer Herr und Erlöſer, in den Himmel aufgefahren iſt. Verleihe uns, wir bitten dich, die Gnade, daß auch wir hienieden himmliſch wandeln und einſt eine ſelige Wohnung in dem Himmel finden mögen. Durch denſelben Jeſum Chriſtum unſern Herrn. Amen.

### 1.

Mein ſüßeſter Jeſus! ich begleite dich im Geiſte mit deinen Jüngern nach Bethanien. Im Lichte des Glaubens ſehe ich dich hinauffahren zum Himmel. Du biſt heimgegangen zu deinem und zu unſerm Vater, um von deiner Herrlichkeit Beſitz zu nehmen, die du von Ewigkeit bei ihm hatteſt, und um auch uns dort einen Ort zu bereiten. Du ſitzeſt nun zur Rechten des himmliſchen Vaters, um bei ihm unſer Stellvertreter zu ſein. Welch ein Troſt für mich armen Sünder, daß du immer erbarmungsvoll auf mich herabſiehſt! Aber nicht weniger tröſtet mich über dein Hinſcheiden deine Verheißung: „Sehet, ich bin bei euch alle Tage bis an's Ende der Welt." Du biſt bei uns, nicht nur auf dieſem ſichtbaren Altare, wohin du alle deine Kinder rufeſt, um ſie mit der Speiſe des Himmels zu erquicken; ſondern du wohneſt auch in dem Heiligthume reiner Seelen. Dein Licht erleuchtet, deine Kraft ſtärket, und dein ſüßer Friede entzündet ſie immer mehr und mehr in deiner Liebe. Auch meine Seele, o Herr! haſt du zu deinem Tempel geweihet. Gib mir die Liebe zu dir und Kraft, deinen Willen zu vollbringen; denn du haſt verheißen, nur in Denen Wohnung zu nehmen, die deine Gebote halten.

Du bist aufgefahren, o mein Jesu! über alle Himmel durch die Kraft deiner Gottheit. Verleihe, daß ich durch die Kraft deiner Gnade im Geiste dir nachfolge, bis meine Seele, von dem Gefängnisse des Leibes erlöset, zu dir kommt, und am jüngsten Tage auch dieser verklärt, von den Engeln begleitet, dir entgegen kommen wird. Dann werde ich mit dir in deine Freude eingehen und allezeit bei dir sein. Wie du, mein Heiland! durch Kreuz und Leiden in deine Herrlichkeit eingehen mußtest, so will auch ich auf dem Wege des Kreuzes und der Verleugnung dir nachfolgen. Darin stärke mich auch die Verheißung deiner Herrlichkeit und Schönheit, in deren Anschauung ich dann ewig selig sein werde. Amen.

(Nach P. Waldner b. G. J.)

Vater unser ꝛc.

## 2.

Jesus Christus, du siegreicher Heiland und triumphirender König der Ehren! als starker Held hast du deinen Lauf vollendet und herrschest nun, über alle Fürstenthümer, Gewalten und Herrschaften erhöht, von Ewigkeit zu Ewigkeit. Ich bitte dich, zieh mich hinauf zu dir und laß mich nacheilen dem Wohlgeruche deiner Lieblichkeit und nicht ermüden, indem du mich an dich ziehst. Laß mich mit ganzem Verlangen und allem Eifer dahin trachten, wohin du aufgestiegen bist, damit ich nur mit diesem Körper in diesem Elend zurückgehalten werde, in Gedanken aber

und in der Begierde immer bei dir sei, — bei
dir, mein ersehntes, unvergleichliches, überaus
liebenswürdiges Kleinod! Denn in der großen
Sündfluth dieses Lebens, wo wir allenthalben
von Sturmwellen umhergeworfen werden, ohne
daß eine verlässige Stelle sich findet oder ein
erhöhter Punkt, an dem der Fuß der Taube nur
etwas ruhen könnte, ist nirgends der Friede ge=
sichert, nirgends sichere Ruhe; überall sind Kämpfe
und Zwiste, überall Feinde, von außen Streit,
von innen Besorgnisse. Erkrankt liegt mein Geist
darnieder; zerrissen und verwundet von den Eitel=
keiten, die er durchwandert hat, hungert und
dürstet er, und ich habe Nichts, was ich ihm
vorsetzen könnte, denn ich bin arm und ein
Bettler. Du, Herr, mein Gott, reich an allen
Gütern und Speisen, reichlichster Spender höherer
Sättigung, gib mir Müden Speise, sammle
mich Zerstreuten, heile und ergänze die Zerrissen=
heit meines Innern! Sieh, ich stehe vor der
Thüre und klopfe. Ich rufe dich an bei deiner
Barmherzigkeit, vermöge der du uns, du Auf=
gang aus der Höhe! heimgesucht hast, öffne dem
Anklopfenden und reiche die Hand deiner Liebe
dem Armseligen, laß ihn nach deiner milden
Erbarmung zu dir eintreten, in dir ruhen, durch
dich ihn sich erquicken. Herr Jesus Christus, du
Palme der Kämpfer! führe uns Alle, nachdem
wir dahier treulich dir gedient haben, zur Ruhe
deiner Seligen; nimm uns auf in deine Woh=
nungen, die du uns bereitet hast, damit wir
dort dich ewig schauen, deinen Erbarmungen in
Ewigkeit lobsingen und dir mit dem Vater und

dem heiligen Geiste ewigen Dank und Preis
darbringen mögen. Amen.　　(St. Augustinus.)

Vater unser ꝛc.

## 3.

Selig, die den Gefahren dieses Lebensmeeres
entronnen und schon zu dir, o Gott, in deine
Ruhe gelangt sind! O, wahrhaft selig, die aus
den Fluthen an das Ufer, aus der Verbannung
in das Vaterland versetzt sind! O unser Vater=
land! du Vaterland der Ruhe! wir sehen noch
von ferne nach dir, von diesem Meere aus
preisen wir dich, aus dem Thal des Jammers
seufzen wir nach dir und bemühen uns unter
Thränen, wie möglich, zu dir zu gelangen!
Jesus Christus, du Hoffnung des menschlichen
Geschlechtes, Gott von Gott, unsere Zuflucht und
Stärke, dessen Licht von ferne, gleich einem durch
düstere Nebel auf Meereswellen leuchtenden Sterne,
auf unsere Augen einfällt, um uns zum Hafen
zu leiten! du, Herr! lenke mit deiner Rechten,
mit dem Steuerruder deines Kreuzes unser Fahr=
zeug, damit wir in den Fluthen nicht zu Grunde
gehen, daß uns der Sturm nicht versenke und
nicht der Abgrund verschlinge; sondern rette uns
durch die Kraft des Kreuzes aus diesem Meere
zu dir, du einziger Trost, den wir von hier aus
an dem Gestade des himmlischen Vaterlandes
mit unsern weinenden Augen kaum wahrzuneh=
men vermögen, wo du unser, als der wahre
Morgenstern und als die ewig leuchtende Sonne
der Gerechtigkeit, wartest. Sieh, wir Erlöste,
die du so theuer durch dein Blut erkauft hast,

rufen aus diesem fremden Lande zu dir: Erhöre uns, o Herr, unser Heil und unsere Hoffnung von Anbeginn! laß uns eins sein mit dir in heiliger Liebe, so lange wir noch im sterblichen Leibe wandeln müssen, und sind wir einmal aufgelöst von den Banden desselben, so laß uns bei dir sein, Jesus Christus, in der Herrlichkeit deines und unsers Vaters! Amen.

Vater unser ꝛc.

## Gesang. *)

1. Jesus, König aller Zeiten,
   Der du hier dem schwersten Leiden
   Und dem Tode dich geweiht!
   Durch den Tod, den du bezwungen,
   Hast du dich emporgeschwungen
   Zum Triumph der Herrlichkeit.

2. Von der Welt dich zu entfernen,
   Hebest du dich zu den Sternen —
   Zu des Vaters gold'nem Thron.
   Ewig sollst du triumphiren
   Und mit Gottesmacht regieren
   Dort als wahrer Menschensohn.

3. Sei uns Freude, die entzücket!
   Sei der Sohn, der uns beglücket,
   Der die Hand uns freundlich beut!
   Laß auch unser Herz sich heben
   Und mit dir vereinigt leben —
   Himmlisch jetzt schon in der Zeit!

*) Mel.: Deinem Heiland, deinem Lehrer ꝛc.

4. Kommst du einstens auf der Wolke,
   Sprichst das Urtheil deinem Volke,
   O, alsdann verwirf uns nicht!
   Laß die Strafe nach und schone,
   Reiche uns des Himmels Krone
   Gnädig einstens im Gericht!

---

# Andacht am Pfingstfeste.

## Gebete.

### Litanei.

Herr, erbarme dich unser!
Christe, erbarme dich unser!
Herr, erbarme dich unser!
Christe, höre uns!
Christe, erhöre uns!
Gott Vater vom Himmel, erbarme dich unser!
Gott Sohn, Erlöser der Welt,
Gott heiliger Geist,
Heiligste Dreifaltigkeit, ein einiger Gott,
Gott heiliger Geist, der vom Vater und
    Sohne ausgeht,
Gott heiliger Geist, gleicher Gott wie der
    Vater und Sohn,
Gott heiliger Geist, vom Vater und Sohne
    zu uns gesendet,
Gott heiliger Geist, du Spender der sieben
    Gaben,
Du Geist der Weisheit,
Du Geist des Verstandes,

Erbarme dich unser!

Du Geist des Rathes,

Du Geist der Stärke,

Du Geist der Wissenschaft,

Du Geist der Frömmigkeit,

Du Geist der Furcht Gottes,

Du Geist, welcher am Pfingstfeste auf die Apostel des Herrn gekommen ist,

Du Geist, durch dessen Eingebung die Lehre Jesu verkündigt worden ist,

Du Geist, der die Kirche vor allem Irrthume bewahrt,

Du Geist, der uns tröstet und heiliget,

Du Geist, durch den wir in der heiligen Taufe wiedergeboren werden,

Du Geist, der uns in der heiligen Firmung zum christlichen Leben stärkt,

Du Geist, der unsere Herzen zu einer würdigen Wohnung Jesu vorbereitet,

Du Geist, durch den wir Vergebung der Sünden erlangen,

Du Geist, der uns Muth zum Todeskampfe einflößt,

Du Geist, der das Priesterthum der Kirche mit Vollmacht ausrüstet,

Du Geist, dessen Tempel auch unsere Leiber sind,

Du Geist, der uns beten lehrt,

Du Geist, der unsere Herzen aufschließt, daß wir glauben,

Du Geist, durch welchen die Liebe Gottes in unsere Herzen ausgegossen wird,

Du Geist, der seine Gaben und Gnaden verschieden austheilt,

Erbarme dich unser!

Du Geist, Erforscher der Gedanken und Gesinnungen des Herzens, erbarme dich unser!

Du Geist, der du bei den Deinigen bleibst in Ewigkeit, erbarme dich unser!

Sei uns gnädig! Verschone uns, o heiliger Geist!

Sei uns gnädig! Erhöre uns, o heiliger Geist!

Von allem Uebel, erlöse uns, o heiliger Geist!

Von aller Sünde,

Von allen Versuchungen,

Von allem Widerstreben gegen die erkannte Wahrheit,

Von aller Nachlässigkeit im Gebrauche der heiligen Sakramente,

Vom unwürdigen Empfange der Heiligungsmittel,

Vom Verharren in der Sünde,

Von der Vernachlässigung des Gebetes,

Von Kleinmuth und Furchtsamkeit im Dienste Gottes,

Von der Unlauterkeit des Herzens,

Von den Versündigungen gegen die brüderliche Liebe,

Von aller Verführung böser Gesellschaften,

Von dem Einflusse aller bösen Geister,

Von der Gnadenlosigkeit in der Stunde des Todes,

Am Tage des Gerichtes,

*Erlöse uns, o heiliger Geist!*

Wir armen Sünder, wir bitten dich, erhöre uns!

Daß du uns verschonest, wir bitten dich, erhöre uns!

Daß wir durch den Geist die Werke des Fleisches ertödten, wir bitten dich, erhöre uns!

Daß wir den Geist Gottes in uns nicht betrüben,

Daß wir der Gnade nicht widerstehen,

Daß wir im Geiste wandeln und die Lüste des Fleisches nicht vollbringen,

Daß wir die Geister prüfen, ob sie aus Gott sind,

Daß wir uns als Tempel des heiligen Geistes nicht entehren,

Daß du in uns ein wahres Verlangen nach der christlichen Gerechtigkeit erwecken mögest,

Daß du unsere Herzen mit aufrichtiger Nächstenliebe erfüllen mögest,

Daß wir die Verfolgungen um der Gerechtigkeit willen standhaft ertragen,

Daß du uns bis an das Ende im Glauben, in der Hoffnung und Liebe erhalten wollest,

*Wir bitten dich, erhöre uns!*

O du Lamm Gottes ꝛc., Verschone uns, o Herr!

O du Lamm Gottes ꝛc., Erhöre uns, o Herr!

O du Lamm Gottes ꝛc., Erbarme dich unser, o Herr!

Christe, höre uns!

Christe, erhöre uns!

　Vater unser ꝛc.

X. Komm, heiliger Geist, erfülle die Herzen deiner Gläubigen!

R. Und entzünde in ihnen das Feuer deiner Liebe!

　O Gott! der du am Pfingstfeste die Herzen der Gläubigen durch die Erleuchtung des heiligen Geistes unterwiesen hast; verleihe auch uns die Gnade, daß wir in demselben Geiste, was recht ist, verstehen, und seines Trostes uns allezeit erfreuen mögen, durch Jesum Christum, unsern Herrn. Amen.

### 1.

Komm zu uns, o heiliger Geist! und sende
herab deines Lichtes belebenden Strahl. Komm,
du Vater der Armen! Du, der Himmelsgaben
Quelle und der Menschenherzen Licht, o, komm
zu uns! Bester Tröster, süßer Gast der Seele,
Erquickung unseres Geistes, komm zu uns! Du
bist unsere Ruhe bei des Lebens Mühe, Labsal in
dem heißen Kampfe, und unser Trost, wenn wir
weinen. Erfülle, o wonnevolles seliges Licht, mit
deinem Glanze die Herzen deiner Gläubigen!
Ohne deinen Beistand vermag die menschliche
Schwachheit Nichts, ohne dich ist in uns Nichts
als Sünde. O, so reinige, was unrein ist; das
Dürre feuchte an, und das Wunde heile du!
Beuge, was noch widerstrebt, das Erkaltete er-
wärme, und das Verirrte, ach, bring es zurück!
Schenke die Fülle deiner Segnungen den Gläubigen, die auf dich vertrauen! Gib zum frommen
Leben Kraft, in der Todesstunde Trost, dort das
unvergängliche Heil in der Ewigkeit! Amen.

Vater unser 2c.

### 2.

Komm, o Geist der Weisheit! unterweise
mein Herz, daß ich die himmlischen Güter schätzen
und lieben und allen Erdengütern vorziehen möge.
Zeige mir den Weg, auf welchem ich jene zu erlangen und zu besitzen vermag. Komm, o Geist
des Verstandes! erleuchte meinen Geist, daß
ich alle Geheimnisse des Heils liebe und endlich
gewürdigt werde, in deinem Lichte hell das ewige

Licht zu schauen und dich wie den Vater und den Sohn vollkommen zu erkennen. Komm, o Geist des Rathes! steh mir bei in allen Geschäften dieses wandelbaren Lebens, wende meinen Geist zum Guten hin, vom Bösen ab und leite mich auf dem rechten Pfade deiner Gebote zum ersehnten Ziele des ewigen Heils. Komm, o Geist der Stärke! gib Stärke meinem Herzen, befestige es unter allen Bewegungen dieser Welt. Gib mir Kraft gegen alle schädlichen Anfälle meiner Feinde, damit ich siegreich überwinde und von dir, meinem Gott, nimmermehr geschieden werde. Komm, o Geist der Wissenschaft! lehre mich, daß ich Alles, was du mir gegeben hast und noch gibst, sowie alle Schickungen von deiner Hand zum Heile meiner Seele und zur Förderung deiner ewigen Glorie gebrauchen möge. Komm, o Geist der Frömmigkeit! erwecke mein Herz zur wahren Frömmigkeit und zur heiligen Liebe meines Herrn und Gottes, auf daß ich ihn in jeder Andacht suche und in wahrer Liebe finde. Komm, o Geist der Gottesfurcht! durchdring mein Fleisch mit deiner Furcht, damit ich dich, meinen Herrn und Gott, stets vor mir schaue und Alles sorgfältig vermeide, was den heiligsten Augen deiner Majestät mißfallen könnte. Amen.

Vater unser 2c.

## 3.

O Liebe des göttlichen Wesens, heilige Gemeinschaft des allmächtigen Vaters und des seligsten Sohnes, allmächtiger Beistand, heiliger Geist,

gütigster Tröster der Betrübten! Ergieß dich mit
deiner starken Macht in das Innerste meines
Herzens, wohne du darin und erfreue alle dunkeln
Winkel dieses verwahrlosten Hauses durch den
Strahl deines schimmernden Lichtes; suche mich
heim und befruchte durch deinen reichlichen Gnadenthau das dürre Erdreich meiner Seele, das
lange schon vertrocknet dahinschmachtet! Verwunde
mit dem Pfeile deiner Liebe mein Inneres, entzünde und durchdringe mit heilsamen Flammen
das sieche Mark meines Geistes, erleuchte mich
mit dem Feuer eines heiligen Eifers und verzehre alles Unlautere, das tief innerlich in meiner
Seele und meinem Leibe haftet! Tränke mich
mit dem Strome deiner Wonne, damit mich nicht
mehr nach der giftigen Freude der Erde gelüstet!
Richte mich, Herr, und scheide meine Sache von
dem unheiligen Volke; lehre mich deinen Willen
thun, weil du mein Gott bist! Ich glaube, daß
du einen Jeden, in dem du wohnest, zum Tempel des Vaters und Sohnes machest. Selig,
wer dich zum Gast erhält, weil durch dich der
Vater und der Sohn bei ihm ihre Wohnstätte
nehmen. Komm nun, komm, gütigster Tröster
der trauernden Seele, Schützer und Helfer im
Glück und in der Bedrängniß! Komm, du Stütze
der Gebrechlichen, du Aufhelfer der Fallenden!
Komm, Lehrer der Demüthigen, du Zernichter
der Stolzen! Komm, liebreicher Vater der Waisen, du süßer Anwalt der Wittwen, Hoffnung
der Armen, Erquicker der Kranken, der Schiffenden Leitstern und Hafen der Schiffbrüchigen, aller
Lebenden einzige Zierde, aller Sterbenden einziges

Heil! Komm, heiliger Geist, komm und erbarme dich meiner, gestalte mich nach deinem Wohl= gefallen, laß dich gnädig zu mir herab, damit meine Niedrigkeit deiner Größe, meine Schwach= heit deiner Stärke nach der Fülle deiner Erbar= mungen gefalle! Durch Jesus Christus, meinen Erlöser, der mit dem Vater in deiner Einheit lebt und regiert in Ewigkeit. Amen.  (St. Augustinus.)

Vater unser rc.

## Gesang.

1. Geist Gottes, Geist der reinen Liebe!
Komm, wandle unsers Herzens Triebe
    Durch dein verzehrend' Feuer um.
Komm, Geist der Weisheit! lehr' die Blinden
Den sichern Weg zum Himmel finden,
    Schaff' uns zu Kindern Gottes um.

2. Komm in vertheilten Feuerzungen!
Und Alle werden liebdurchdrungen
    Die Wege der Gebote geh'n.
Zeig' uns den Zustand unsrer Herzen,
Und weck' in uns der Reue Schmerzen,
    Daß sehnend wir um Gnade fleh'n!

3. Laß uns die Größe unsrer Sünden
Recht tief in unsrer Brust empfinden,
    Erneue gnädig unsern Sinn:
Gieß' in uns Himmelssehnsucht nieder,
Was todt ist, das belebe wieder,
    Bring' uns den Himmel als Gewinn!

# Andacht am Frohnleichnamsfeste.

## Beim ersten Altare.

Erste Strophe von:

"Da ich dich, Gott! in Brodsgestalt" ꝛc.
Siehe S. 48.

Nach dem Evangelium:

Erfreut euch, liebe Seelen!
    Ein Wunder ist gescheh'n,
Von Engeln zu erzählen,
    Im Geiste nur zu seh'n.
In Brods= und Weinsgestalten
    Ist Jesu Fleisch und Blut
Auf dem Altar enthalten,
    Das größte Seelengut. Alleluja!

O Gott, der du durch die Sünde erzürnt
und durch die Buße versöhnt wirst! sieh an das
Gebet deines fußfällig bittenden Volkes und
wende ab die Geisel deines Zorns, die wir nach
Gerechtigkeit für unsere Sünden verdienen. Durch
Jesum Christum unsern Herrn. Amen.

Darnach:

Erbarme dich der Sünder,
    Denn deine Lieb' ist groß;
Sieh, Vater! deine Kinder,
    Nimm sie in deinen Schooß.
Du bist bei uns zugegen,
    Beglücke jeden Stand!
Gib Allen deinen Segen,
    Uns und dem Vaterland! Alleluja!

## Bei dem zweiten Altare.

Zweite Strophe von:
„Da ich dich, Gott! 2c."

Nach dem Evangelium:

Verdeckt ist hier zu finden
    Das wahre Gotteslamm,
Das aller Menschen Sünden
    Getilgt am Kreuzesstamm.
Es ist der Seelen Speise,
    Wie uns der Glaube lehrt;
Es nährt uns auf der Reise
    Und bleibt doch unverzehrt. Alleluja!

O Gott, du Urheber aller guten Wünsche, Gesinnungen und Handlungen! gib deinen Dienern jenen Frieden, den die Welt nicht geben kann, damit wir deinen Geboten treu nachwandeln und unter deinem allmächtigen Schutze, frei von aller Feindesgefahr, ruhige Zeiten genießen mögen. Durch Jesum Christum unsern Herrn. Amen.

Darnach wieder:
„Erbarme dich der Sünder 2c."

## Bei dem dritten Altare.

Dritte Strophe von:
„Da ich dich, Gott! 2c."

Nach dem Evangelium:

Wenn wir das Leben schließen
    Und dieses Engelbrod
Mit frommer Lust genießen,
    Dann darf der bitt're Tod

Uns Christen nicht erschrecken;
    Es sei ein Unterpfand,
Daß Gott den Leib wird wecken
    In's himmlisch' Vaterland. Alleluja!

Allmächtiger, allgütiger Gott! segne, wir bitten dich flehentlich, segne die Früchte der Erde und alle Besitzungen deiner Diener mit deinem heiligsten Segen, befeuchte sie mit fruchtbringenden Regen, wende alle schädlichen Gewitter von denselben ab, bewahre sie vor Ueberschwemmungen und verheerenden Wolkengüssen; verleihe uns eine gesunde Luft; entferne von uns vorzüglich Alles, was Sünde ist, und laß uns nie durch Uebermacht arglistiger Feinde überwältigt werden: du, der du uns durch den Leib und das Blut deines Sohnes von dem ewigen Tode erlöset hast. Wir bitten dich durch eben denselben deinen Sohn Jesum Christum. Amen.

Darnach wieder:

    „Erbarme dich der Sünder 2c."

### Bei dem vierten Altare.

Siebente Strophe von:

    „Da ich dich, Gott! 2c."

Nach dem Evangelium:

    Herr Jesu, deiner Liebe
        Sei Ehre, Lob und Dank!
    Du hast aus süßem Triebe
        Zur Speise und zum Trank
    Dein Fleisch und Blut gegeben,
        In Brodsgestalt verhüllt,
    Das unser inner's Leben
        Mit Gnadenkraft erfüllt. Alleluja!

Verschone, o Herr! verschone deines Volkes
und bewahre uns vor Drangsalen, Krieg, Krank=
heit, Gefahren und schädlichen Gewittern: du,
der du uns mit dem theuersten Leibe und Blute
unsers Herrn Jesu Christi erlöset hast. Dieß bit=
ten wir dich durch eben denselben unsern Herrn
Jesum Christum. Amen.

Darnach wieder:

„Erbarme dich der Sünder ꝛc."

### Ecce panis angelorum.

Sieh, das ist das Brod der Kinder,
Der Gerechten, nicht der Sünder,
　　Welches auch die Engel nährt!

### In figuris praesignatur.

Schon im Isaak, Mannabrode
Und des Osterlammes Tode
　　Ward es einstens vorerklärt.

### Bone pastor, panis vere.

Guter Hirt, du wahre Speise,
Jesus, stärk' uns auf der Reise
　　Hin nach deines Vaters Reich!
Nähr' uns hier im Jammerthale,
Ruf' uns dort zum Hochzeitmahle,
　　Mach' uns deinen Heil'gen gleich!

# Gebete an den Bitttagen
## und in allgemeinen Anliegen.

---

### Litanei zu allen Heiligen.
### Siehe S. 106.

O Gott, merk' auf meine Hilfe! Herr, eile mir zu helfen! Schamroth und zu Schanden müssen werden, die meiner Seele nachstellen. Zurückweichen müssen sie und sich schämen, die mein Unglück wollen. Schamroth sollen sie plötzlich zurückweichen, die zu mir sagen: So recht, so recht! Frohlocken aber müssen und sich freuen über dich Alle, die dich suchen; und die dein Heil lieben, sprechen stets: Hochgepriesen sei der Herr! Ich aber bin dürftig und arm. O Gott, steh mir bei! Du bist mein Helfer und Erlöser. Herr, zögere nicht!

V. Rette deine Diener,

R. Die auf dich hoffen, mein Gott!

V. Sei uns, Herr, ein Thurm der Stärke,

R. Wider unsern Feind!

V. Der Feind vermöge Nichts gegen uns,

R. Und das Kind der Bosheit sei unmächtig, uns zu schaden.

V. Herr, handle nicht mit uns nach unsern Sünden!

R. Und vergilt uns nicht nach unsern Missethaten!

V. Lasset uns beten für unsern obersten Hirten N.!

R. Der Herr erhalte und belebe ihn, und mache

ihn selig auf Erden, und übergebe ihn nicht
in die Hände seiner Feinde!

V. Lasset uns bitten für unsere Wohlthäter!

R. Herr, gib gnädig Allen, die uns Gutes thun,
um deines Namens willen das ewige Leben!

V. Lasset uns beten für die abgestorbenen Gläubigen!

R. Herr, gib ihnen die ewige Ruhe, und das
ewige Licht leuchte ihnen!

V. Laß sie ruhen im Frieden!

R. Amen.

V. Für unsere abwesenden Brüder:

R. Erhalte, mein Gott, deine Diener, die auf
dich hoffen!

V. Sende ihnen Hilfe von dem Heiligen!

R. Und von Sion aus schütze sie!

V. Herr, erhöre mein Gebet!

R. Und laß mein Rufen zu dir kommen!

O Gott, dem es eigen ist, sich allzeit zu erbarmen und zu verschonen: nimm auf unser
Flehen, auf daß uns und alle deine Diener, die
mit der Kette der Sünde gebunden sind, die
Erbarmung deiner Liebe gnädig erledige.

Wir bitten dich, Herr! erhöre das Gebet der
demüthig Flehenden und verzeihe die Sünden
Derer, die sie dir bekennen, damit du uns zugleich Nachlaß und den Frieden nach deiner Güte
gewährest.

O Herr, zeige uns gnädig deine unaussprechliche Barmherzigkeit, auf daß du uns zugleich
von allen Sünden befreiest und von der Strafe,
die wir für diese verdienen, errettest.

Gott, der du durch die Schuld beleidigt, durch die Buße versöhnt wirst, sieh gnädig auf die Bitten deines flehenden Volkes und wende ab die Geisel deines Zornes, die wir für unsere Sünden verdienen.

Allmächtiger, ewiger Gott, erbarme dich deines Dieners, unsers Papstes N., und leite ihn nach deiner Milde auf den Weg des ewigen Heiles, daß er durch deine Hilfe, was dir wohlgefällig ist, erlange und mit aller Kraft vollbringe.

Gott, von welchem die heiligen Begierden, die rechten Entschlüsse und die gerechten Werke kommen: gib deinen Dienern jenen Frieden, welchen die Welt nicht geben kann, auf daß unsere Herzen deinen Geboten ergeben, und unsere Zeiten durch deinen Schutz vor des Feindes Furcht gesichert und friedsam seien.

Herr, durchglühe uns mit dem Feuer des heiligen Geistes Herz und Nieren, damit wir mit keuschem Leibe dir dienen und mit reinem Herzen gefallen mögen.

Gott, du Schöpfer und Erlöser aller Gläubigen! verleihe den Seelen deiner Diener und Dienerinnen Verzeihung aller Sünden, daß sie die Versöhnung, welche sie immer gewünscht haben, durch fromme Fürbitten erlangen.

Wir bitten dich, o Herr! komm unserm Thun und Lassen mit deiner Einsprache zuvor und begleite es mit deiner Hilfe, daß all unsere Gebete und Werke von dir stets anfangen, und durch dich angefangen geendigt werden.

Allmächtiger, ewiger Gott, der du herrschest über die Lebendigen und die Todten und dich

Aller erbarmest, von denen du voraus weißt, daß sie durch den Glauben und die Werke dir angehören, wir bitten dich demüthig, daß die, für welche wir uns vorgenommen haben, unser Gebet auszugießen, die entweder noch in dieser Welt bei'm Leben, oder davon abgeschieden sind, durch die Fürbitte aller deiner Heiligen nach deiner Gütigkeit Verzeihung aller ihrer Sünden erlangen mögen. Durch unsern Herrn Jesus Christus, deinen Sohn, der mit dir lebt und regiert in Einigkeit des heiligen Geistes, Gott von Ewigkeit zu Ewigkeit. Amen.

**An den Bitttagen.** Heiliger Vater, allmächtiger ewiger Gott! Wir bitten demüthig, gib uns nach deiner willfährigen Barmherzigkeit Fülle der Ernte, Reichthum der Früchte, Erzeugniß des Weinstocks, Ertrag der Bäume, Gedeihen aller Gewächse und wende von Allem gnädig ab das Unglücksgestirn bösen Wetters, alle Stürme, Kälte, Hagel. Durch Jesum Christum. Amen.

**In allgemeinen Anliegen.** Vor deinen Augen, o Herr! bekennen wir die Sünden, die wir begangen, und vergleichen sie mit den Strafen, die wir dafür verdient haben. Ueberdenken wir das Uebel, welches wir verübt haben, so sind die gegenwärtigen Leiden ohne Vergleich geringer, als unsere Missethaten. Wir empfinden die Strafen der alten Sünden, und noch lebt die Lust zu neuen Sünden in unsern Herzen. Deine Züchtigungen treffen unsere Vergehungen, aber unsere Bosheit überwältigen sie nicht. Traurigkeit überfällt unser Herz, aber den stolzen Sinn des

Lasters demüthigt sie nicht. Bitterer Schmerz
nagt an unserm Leben, aber unsern Wandel
bessert er nicht. Wenn du langmüthigst schonst,
so achten wir nicht darauf; und wenn du züch-
tigst, so halten wir nicht aus. Zur Zeit des
Unglücks gestehen wir unsere Verbrechen, aber
nach deiner Heimsuchung vergessen wir wieder,
was wir zuvor beweint haben. Hebst du deine
Ruthe gegen uns auf, so thuen wir Gelübde
der Besserung; senkt sich dein Arm, so unterlassen wir Alles, was wir versprochen haben.
Wenn du schlägst, so schreien wir zu dir: Verschone uns! und wenn du verzeihst, so sind wir
so fehlerhaft, als zuvor. Herr! du hast an uns
Sünder, die es bekennen, daß sie gesündigt haben.
Wir wissen, daß, wenn uns deine Barmherzigkeit nicht in Gnaden aufnimmt, wir deiner Gerechtigkeit heimfallen. Allmächtiger Vater! gib
uns ohne unser Verdienst das, um was wir
flehen, du, der du uns aus Nichts gemacht hast,
daß wir zu dir beten können, durch Christum
unsern Herrn. Amen.

7 Vater unser und Gegrüßet seist du, Maria! nebst
dem apostolischen Glaubensbekenntnisse.

**Ablaßgebete.** Allmächtiger, ewiger Gott, ich
hoffe und vertraue, daß ich durch deine unendliche Barmherzigkeit von allen meinen Sünden
und von der Strafe der ewigen Verdammniß
losgesprochen und in die göttliche Kindschaft
wieder aufgenommen bin. Da ich aber den zeitlichen Strafen noch unterworfen bleibe, und meine
geringen Werke zu ihrer Tilgung nicht genugzuthun
vermögen, so nehme ich meine Zuflucht zu dem

unerschöpflichen Schatze der Verdienste deines eingebornen Sohnes unseres Herrn Jesu Christi und
aller deiner Heiligen, auf daß der glorreiche
Ueberfluß derselben meiner Schwachheit zu Hilfe
komme und mich des vollkommenen Ablasses
theilhaftig mache. Sieh, ich bin bereit, Alles
zu thun, was ich thun kann. Nimm nur Alles
auf, o gnädiger Vater! in Vereinigung des
bittern Leidens und Sterbens deines geliebten
Sohnes und ertheile mir aus dem Schooße deiner
Barmherzigkeit die gewünschte Nachlassung aller
verdienten Strafen, durch denselben Jesum Christum unsern Herrn. Amen.

O ewiger Vater! gedenke deiner heiligen Ver-
sammlung, die du von Anbeginn in Besitz gehabt.
Erkenne die Kirche als die Braut deines eingebornen Sohnes, für welche er sein heiliges
Blut freiwillig vergossen hat. Wir bitten dich,
erhebe und erhöhe dieselbe mit dem Schmucke
deiner Heiligkeit, mit den Schätzen deiner Gnade
und mit dem Reichthum deiner Erbschaft, auf
daß sie eines solchen Bräutigams und eines so
hohen Lösepreises würdig erscheine. Sieh auch
gnädig auf die Kinder dieser heiligen Mutter
und versammle in ihre Gemeinschaft alle Völker
der Erde, auf daß sie alle dich den allmächtigen
Vater und, den du gesandt hast, Jesum Christum
zugleich mit dem heiligen Geiste in lebendigem
Glauben erkennen, mit zuversichtlicher Hoffnung
anrufen und mit vollkommener Liebe umfangen.
Amen.

O Jesu, du wahres Licht, das da erleuchtet
jeden Menschen, der in diese Welt kommt! wir

13 *

bitten dich, laß durch die unschätzbare Kraft deines Leidens und Sterbens alle Finsterniß der Irrlehren und Spaltungen aufhören, damit alle Menschen das Licht deiner Wahrheit umfangen und in den seligmachenden Schooß deiner Kirche zusammenkommen. O guter Hirt! der du dein Leben für deine Schafe hingegeben, beschirme deine Heerde und schütze sie wider die Gewalt und die Nachstellungen Derer, die da kommen in Schafskleidern, innwendig aber reißende Wölfe sind. Mache, daß Alle nur Eine Heerde seien und nur Einen Hirten erkennen. Bleib bei uns, o Herr, der du gesagt hast: „Ich will bei euch sein alle Tage bis an das Ende der Zeiten." Zeige, daß deine Kirche auf einen Felsen gebauet sei, und daß die Pforten der Hölle sie nicht überwältigen können. Amen.

O heiliger Geist, du Geist der Liebe und des Friedens, der du so viele und so verschiedene Völker in der Einigkeit des Glaubens versammelt hast, verleihe den christlichen Fürsten und ihren Rathgebern die Fülle deiner Gnade und drücke das neue Gebot deiner Liebe, welches du deinen Jüngern bei deinem Abschiede aus der Welt hinterlassen hast, tief in ihre Herzen, damit sie Alle zur Zahl deiner Auserwählten gehören und des christlichen Namens würdig seien. Mache, daß sie nie in Verblendung irgend Etwas unternehmen und ausüben, was deiner göttlichen Ehre oder der Ruhe und Wohlfahrt deiner Kirche zuwider wäre, sondern vielmehr mit vereinigten Kräften dahin streben, daß sie sich selbst und ihr untergebenes Volk zur Anschauung des ewigen

Friedens und zum himmlischen Jerusalem glücklich hinführen. Amen.

Allerheiligste Dreifaltigkeit, mein Schöpfer, Erlöser und Seligmacher, barmherziger Gott und Herr, der du nach deiner unendlichen Güte auch das geringste Gute, das wir auf Erden verrichten, mit ewigen Gütern belohnen willst, ich bitte dich, nimm diesen geringen Dienst meiner schuldigen Andacht gnädig auf und ersetze Alles, was ihm mangelt, durch die überreichen Verdienste des bittern Leidens und Sterbens unseres Herrn Jesu Christi in Vereinigung der Verdienste und Fürbitte der allerseligsten Jungfrau Maria und aller Heiligen, und ertheile mir (oder: den Seelen der Abgestorbenen) aus dem Schooße deiner Barmherzigkeit den gewünschten Ablaß mit vollkommener Nachlassung aller verdienten zeitlichen Strafen, wofür dir Himmel und Erde mit mir Lob und Dank sagen mögen jetzt und in Ewigkeit. Amen.

---

# Maiandacht.

### Gebete.

#### Litanei.

Herr, erbarme dich unser!

Christe, erbarme dich unser!

Christe, höre uns! Christe, erhöre uns!

Gott, allmächtiger Schöpfer des Himmels und der Erde! Erbarme dich unser!

Allwissender und allweiser Gott!
Allmächtiger und allgütiger Gott!
Langmüthiger und barmherziger Gott!
O du bestes und liebenswürdigstes Gut!
Der du dich aller deiner Geschöpfe erbarmest,
Der du Alles, was da lebt, mit Segen
    erfüllest,
Der du die Lilien und Blumen des Feldes
    bekleidest,
Der du Alles zum Dienste der Menschen
    erschaffen hast,
Der du Alles mit Weisheit und Liebe er=
    hältst und regierst,
Der du die zeitlichen Trübsale zu unserer
    Prüfung und Besserung schickest,
Der du Denen, die dich lieben, Alles zum
    Besten lenkest,
Der du alle Haare unsers Hauptes zählest,
Der du die christliche Geduld mit ewigen
    Freuden belohnest,
Gott, unser einziger Tröster und Helfer,

*} Erbarme dich unser!*

Sei uns gnädig, verschone uns, o Herr!
Von allem Uebel des Leibes und der Seele, er=
    löse uns, o Herr!
Von allem Murren und Klagen wider deine
    heiligsten Anordnungen,
Von Kleinmuth und Ungeduld,
Von überflüssigen Sorgen für das Zeitliche,
Von zu großem Vertrauen auf Reichthum
    und Menschengunst,
Von allem Mißbrauche deiner Gaben und
    Wohlthaten,
Von aller Lieblosigkeit gegen den Nächsten,

*} Erlöse uns, o Herr!*

Von aller Verhärtung in der Sünde, erlöse uns,
o Herr!

Von Schauer, Hagel, Mißwachs und Theurung,
erlöse uns, o Herr!

Wir arme Sünder, wir bitten dich, erhöre
uns!

Daß wir immer auf deine göttliche Vorsehung vertrauen,

Daß wir im Glücke nicht hochmüthig und
gottesvergessen werden,

Daß wir im Unglücke nicht mißtrauisch und
ungeduldig werden,

Daß wir allen deinen Fügungen uns kindlich
unterwerfen,

Daß wir deinen Namen preisen, du magst
geben oder nehmen,

Daß dein Wille, wie im Himmel, also auch
auf Erden geschehe,

Daß du uns gebest, was wir zur Erhaltung
unsers Lebens bedürfen,

Daß du in der Betrübniß Trost und Hilfe
uns sendest,

Daß uns die Trübsale zur Besserung unsers
Lebens verhelfen,

Daß du uns in allen Widerwärtigkeiten
stärkest und zur Tugend hinführest,

Daß du uns Allen für die zeitlichen Leiden
die ewigen Freuden ertheilest,

Daß du unsere geistlichen und weltlichen
Obrigkeiten mit dem Geiste der Weisheit
und Frömmigkeit erfüllest,

Daß du unsere Arbeiten und Geschäfte seg-
nest und zu unserm Besten lenkest,

Wir bitten dich, erhöre uns!

Daß wir einst ewig deine heilige Vorsehung im
    Himmel preisen und loben, wir bitten dich,
    erhöre uns!

O du Lamm Gottes 2c. Verschone uns, o Herr!

O du Lamm Gottes 2c. Erhöre uns, o Herr!

O du Lamm Gottes 2c. Erbarme dich unser,
    o Herr!

Christe, höre uns!

Christe, erhöre uns!

    Vater unser 2c.

    Aller Augen sehen auf dich, o Herr! und du
gibst ihnen Speise zur rechten Zeit und erfüllst
Alles, was da lebt, mit Segen.

V. Von Blitz und Ungewitter

R. Erlöse uns, o Herr!

V. Herr! zeige uns deine Barmherzigkeit!

R. Und gib uns dein Heil!

V. Der Herr wird seine Güte offenbaren,

R. Und unsere Erde wird ihre Frucht bringen.

V. Herr, erhöre mein Gebet!

R. Und laß mein Rufen zu dir kommen!

    Barmherziger Gott und Vater! Gütigster Er-
halter unseres Lebens! Wir rufen zu dir um das
tägliche Brod und um Alles, was wir zu unserm
Unterhalte nöthig haben. Gib Wachsthum und
Gedeihen unsern Feldfrüchten, sende zur rechten
Zeit erquickenden Regen und milden Sonnenschein!
Schöpfer und Herr des Himmels und der Erde!
Alles steht in deiner Macht. Du kannst uns
deinen Segen geben und entziehen. Darum
bitten wir dich, segne die Früchte unserer Felder
und beschütze sie vor Mißwachs, Dürre, Nässe,
Reif und verderblichem Hagel. Zwar sind wir

Sünder der Gaben, die du uns täglich darreichst, nicht werth, aber, o gütiger Vater! sieh nicht auf unsere Missethaten, die wir von Herzen bereuen, sondern erbarme dich unser um Jesu deines Sohnes willen, der für uns am Kreuze gestorben ist und sein kostbares Blut vergossen hat! Wir setzen unser ganzes Vertrauen auf dich und geloben dir, daß wir deine Gaben jederzeit gut anwenden, genügsam sein und im Unglücke wie im Glücke mit deinen weisesten Anordnungen zufrieden sein wollen. Wir wollen es nie vergessen, daß du unser Vater bist und es gut mit deinen Kindern meinst, du magst geben oder nehmen, segnen oder züchtigen. Wir bitten dich, o barmherziger Vater! verlaß uns deine armen hilfsbedürftigen Kinder nicht. Erbarme dich ferner über uns und segne uns mit Gnade und Barmherzigkeit in Allem, was unser zeitliches und ewiges Heil angeht. Darum bitten wir dich durch Jesum Christum. Amen.

3 Vater unser und 3 Gegrüßest seist du, Maria! und das apostolische Glaubensbekenntniß.

## Gesang.

1. Gott Vater! schau' auf deine Kinder,
   Die um dich her versammelt sind.
   Wir sind zwar Nichts als arge Sünder,
   Doch bist im Strafen du gelind.
   Erbarme dich, erbarme dich,
   Erbarme dich, verstoß' uns nicht!
   :,: Verstoß' uns, deine Kinder, nicht! :,:

2. Wir rufen flehend voll Vertrauen,
   Gib uns das Brod mit Vaterhuld

Und segne freundlich unsre Auen,
    Vergilt uns nicht nach unsrer Schuld!
    Erbarme dich 2c.

3. Jesu, Lamm Gottes! unser Flehen,
    Steig' auch zu dir wie Rauchwerk auf;
    Sein Wohlgeruch soll nicht vergehen:
    Wie Abels Opfer nimm es auf!
    Erbarme dich 2c.

---

# Andacht zur Danksagung.

## Gebete.

### Litanei zur heiligsten Dreifaltigkeit.
#### Siehe Seite 65.

V. Lasset uns preisen den Vater, Sohn und heiligen Geist,

R. Lasset uns ihn loben und erheben in Ewigkeit!

V. Danket dem Herrn, denn er ist gut,

R. Und seine Barmherzigkeit währt ewiglich!

V. Der Herr ist mein Helfer; wen soll ich fürchten?

R. Der Herr ist meine Stärke, ich will ihn preisen alle Tage meines Lebens.

O Gott, dessen Erbarmniß ohne Zahl und dessen Reichthum an Güte ohne Maß ist, wir sagen deiner liebreichsten Majestät von Herzen Dank für alle Gnaden und Wohlthaten, die du uns gespendet, und bitten nur deine immerwährende Huld, du wollest Diejenigen, denen du auf ihre Bitten Erhörung gewährest, niemals verlassen und zu den künftigen Belohnungen des ewigen Lebens zubereiten. Durch Jesum Christum unsern Herrn. Amen.

**Am Kirchweihfeste.** O Gott, der du uns alljährlich das Einweihungsfest dieses deines heiligen Tempels erneuerst und uns durch seine heiligen Geheimnisse allzeit neu belebest und begnadigst, erhöre das Gebet deines Volkes und verleihe, daß Jeder, welcher in diesen Tempel eingeht, um deine Wohlthaten zu erflehen, sich der vollen Gewährung erfreuen möge. Durch Christum unsern Herrn. Amen.

## 1.

O mein Gott, wie soll ich dir danken für die Güte, womit du dich meiner erbarmt hast! Sieh, ich bin arm bis in's Innerste meines Herzens; ich habe Nichts, als was du mir gibst. O, so gib mir auch die Gnade, dir danken zu können nach deinem Wohlgefallen und nach dem Verlangen meiner Seele! Reinige meine Freude von Allem, was nicht von dir ist, und erfülle mich mit der Wonne der Gottseligkeit und mit der Süßigkeit deiner Liebe. Ueber Alles bitte ich dich, o mein Gott! daß die Gnade deiner Freigebigkeit, die du mir hast angedeihen lassen, mir nicht durch meine eigne Thorheit zu einem Steine des Anstoßes werde, sondern allein zu deiner Ehre und zu meinem und Anderer Seelenheile gereiche.

O mein Jesus! ersetze durch deine Verdienste und besonders durch die unaussprechlichen Dankgebete, die du auf Erden deinem himmlischen

Vater dargebracht haft, Alles, was meinem
Danke mangelt. Und du, o meine getreue, lieb=
reiche Mutter Maria und all ihr Heiligen und
Auserwählten, durch deren Fürbitte ich vor Gott
Gnade gefunden, vereiniget euren himmlischen
Jubel mit der Freude und dem Danke meiner
armen Seele, damit ich gewürdigt werde des
göttlichen Wohlgefallens jetzt und in Ewigkeit.
Amen.                                    (Augsb. A. B.)

Vater unser 2c.

## 2.

Lobe den Herrn, meine Seele; denn er ist
gut und seine Barmherzigkeit währet ewiglich!
O Gott meines Heiles, wie kann ich dir ver=
gelten für Alles, was deine Liebe so freigebig
gespendet hat! Himmel und Erde erzählen deine
Herrlichkeit, ein Tag ruft es dem andern zu, und
eine Nacht bringt der andern die Kunde von den
Wundern deiner übergroßen Macht, mit der du
Alles erschaffest und erhältst; deiner unergründ=
lichen Weisheit, mit der du Alles ordnest, und
deiner unaussprechlichen Liebe, welche unermüdet
ist im Austheilen der Gnaden und Güter!
O großer und gewaltiger Gott, der du überaus
geheimnißvoll in deinem Wirken bist und uner=
schöpflich in der Vorrathskammer deiner Barm=
herzigkeit; o ewige, unaussprechliche Majestät!
wir sagen dir Dank für alles Gute, mit dem
deine milde Hand uns erfüllet, für allen Segen,
mit dem deine Liebe in so reichem Maße unsere
Wohnungen, unsere Fluren und Felder beglückt
hat. O Herr! dein Werk ist es, und nicht das

unsrige; du sendest deinen Hauch, und Alles wird belebt, du nimmst ihn zurück, und Alles fällt in Nichts zusammen.

O liebreicher, anbetungswürdiger Vater, der du uns durch deinen Sohn, unsern Herrn, gelehrt hast, daß wir beten dürfen und sollen: „Gib uns heute unser tägliches Brod!" Wir danken dir für die unaussprechliche Liebe, mit der du uns das nöthige Brod nicht bloß auf einen Tag, sondern auf viele Tage gereicht und so väterlich uns versorgt hast. Dir gebührt die Ehre, o Herr! Du hast die Sonne aufgehen lassen über die Felder der Gerechten und der Sünder, hast Sonnenschein und Regen gesendet zur rechten Zeit, den Stürmen und Ungewittern geboten, an uns schadlos vorüberzuziehen, und die Kraft der Elemente mit deiner starken Hand zu unserem Besten geleitet. Deine heilige Vorsehung hat über uns gewacht und vor tausendfältigen Gefahren, vielfachem Unglücke und Schaden uns bewahrt. Dafür sei dir Dank und Ehre; ja, meine Seele erhebe dich und preise die Wunder deiner Güte und Barmherzigkeit!

Gib uns ein Herz, das sich deiner Güte freut, aber dich nicht in den Gütern dieser Erde sucht, sondern in den Wohnungen deiner himmlischen Seligkeit! Stärke uns, daß wir durch den Besitz und die Freuden der irdischen Dinge unbefleckt hindurchgehen, unsere Seele an nichts Zeitliches heften und da, wo du zeitlichen Segen weniger verleihest oder gar versagst, an dir nicht irre werden, sondern festhalten im Glauben und Vertrauen und in unerschütterlicher Liebe zu dir!

Laß uns im Gebrauche der zeitlichen Güter stets treu befunden werden, damit uns die himmlischen Güter anvertraut werden mögen! Und endlich, wenn dein großer Erntetag kommt, wenn du selbst erscheinst und deine heiligen Engel als Schnitter aussendest, gib, daß wir mit den reichen Garben der guten Werke dir nahen, führe uns dann ein in die Ruhe deiner Wohnungen, damit wir dort mit allen deinen Engeln und Heiligen das eine und ewige Danklied deiner Barmherzigkeit singen können. Amen. (Augsb. A. B.)

Vater unser rc.

### 3.

Wir danken dir, o Gott, du Quell und Ursprung alles Guten! aus der Fülle des Herzens und aus der Tiefe der Seele für die großen und unzählbaren Wohlthaten, die du uns von Anfang erwiesen hast und nach deiner Barmherzigkeit uns noch täglich erweisest. Wir danken dir für deine Erbarmungen und Wunder, die du durch deinen Sohn für uns gewirkt hast und noch immer wirken willst; für seine heilige Menschwerdung und die unerschöpflichen Schätze der Weisheit, der Erkenntniß, der Verdienste und der Glorie, die du in seine allerheiligste Menschheit, in sein Leben, Leiden und Sterben, in seine wunderbaren Sacramente und in den Schooß seiner heiligen Kirche gnädig niedergelegt hast. — Wir danken dir für die unendliche Gnadenfülle, womit du die allerseligste Jungfrau Maria, die glorwürdige Gebärerin deines Sohnes, ausgeschmückt und sie uns zu einer Mutter und Mittlerin gesetzt hast,

durch deren Fürsprache du der Welt zahllose
Wohlthaten ertheilt hast und unaufhörlich ertheilen willst. Wir danken dir für die Schaaren
deiner heiligen Engel, die du erschaffen hast zu
deiner Verherrlichung und zu unserem Schuße.
Wir danken dir für die Gnaden und Verdienste
deiner heiligen Auserwählten, die nicht aufhören,
dich für uns zu preisen und dich anzurufen, daß
du uns beseligest und die Zahl deiner Lobprei-
senden vermehrest. Wir danken dir auch, o Gott!
für die unbegreifliche Geduld und Langmuth,
womit du die Sünder erträgst, sie zu dir rufest
und ihnen alle Hilfe leistest, damit sie sich wieder
bekehren und selig werden. Wir danken dir für
alle und jede Wohlthat, die du allen Erden-
pilgern, unseren Freunden und Feinden, den
Gläubigen und Ungläubigen, allen sichtbaren und
unsichtbaren Geschöpfen verliehen hast. Wir danken dir für die unendliche Liebe, womit du uns
in deine heilige Kirche aufgenommen hast, und
für die zahllosen Gnaden und Wohlthaten, die
du unserem leiblichen und geistigen Wohle hast
angedeihen lassen, insbesondere aber für die Heils-
mittel deiner heiligen Sacramente, wodurch du
uns vor dem ewigen Tode bewahrest. Für dieses
und alles andere Gute, was wir besißen — denn
alles Gute ist von dir, und Nichts ist gut außer
dir — sagen wir dir Dank aus allen Kräften
unserer Seele und begehren dir zu danken in alle
Ewigkeit. Das verleih uns, o gnädiger Vater!
durch die Verdienste deines eingebornen Sohnes,
unseres Herrn Jesu Christi, durch die Fürsprache
der allerseligsten Jungfrau Maria, seiner Mutter,

und durch die Hilfe deiner heiligen Engel und
Auserwählten, die nicht aufhören, dich zu loben
und zu preisen in der Herrlichkeit, die du besitzest
von Ewigkeit zu Ewigkeit. Amen. (Augsb. A. B.)
Vater unser 2c.

### Gesänge.

### I.

1. Quelle aller Seligkeiten,
   Großer Gott, wie gut bist du!
Segen mild uns zu bereiten,
   Wirkst du ohne Rast und Ruh.
Laß dir unser Lob gefallen,
Unsre Dankgesänge wallen
   Hoch hinauf zu deinem Thron,
   Heil'ger Vater, Geist und Sohn!

2. Könnte auch ein Weib vergessen
   Je den Säugling ihrer Brust,
Gott wird unser nie vergessen,
   Uns zu lieben ist ihm Lust.
Freundlich schirmt uns seine Gnade,
Uns zu führen auf dem Pfade
   Zu des Himmels ew'gem Gut;
   Nie ermüdet seine Hut.

3. Neu erhebt sich jeden Morgen
   Seine Huld für unser Heil;
Stillet unsers Lebens Sorgen,
   Wendet ab des Feindes Pfeil.
Laßt uns seiner Lieb' vertrauen,
Singen ihm, auf den wir bauen,
   Was auch bringen mag die Zeit,
   Lob und Dank mit Freudigkeit!

## II.

1. Großer Gott! wir loben dich,
   Herr! wir preisen deine Stärke;
   Vor dir neigt die Erde sich
   Und bewundert deine Werke;
   Wie du warst vor aller Zeit,
   So bleibst du in Ewigkeit.

2. Alles, was dich preisen kann,
   Cherubim und Seraphinen
   Stimmen dir ein Loblied an;
   Alle Engel, die dir dienen,
   Rufen dir stets ohne Ruh':
   Heilig, Heilig, Heilig! zu.

3. Heilig! Herr Gott Sabaoth!
   Heilig! Herr der Kriegesheere!
   Starker Helfer in der Noth!
   Himmel, Erde, Luft und Meere
   Sind erfüllt mit deinem Ruhm:
   Alles ist dein Eigenthum.

4. Der Apostel Christi Chor,
   Der Propheten große Menge
   Schickt zu deinem Thron empor
   Neue Lob= und Dankgesänge;
   Der Blutzeugen große Schaar
   Lobt und preist dich immerdar.

5. Auf dem ganzen Erdenkreis
   Loben Große und auch Kleine,
   Dich, o Vater! Dir zum Preis
   Singt die heilige Gemeine.
   Sie ehrt auch auf seinem Thron
   Deinen eingebornen Sohn.

14

6. Sie verehrt den heil'gen Geist,
   Welcher uns mit seinen Lehren
Und mit Troste kräftig speis't,
   Der, o König voller Ehren!
Der mit dir, Herr Jesu Christ!
Und dem Vater ewig ist.

7. Du, des Vaters ew'ger Sohn,
   Hast die Menschheit angenommen,
Du bist auch von deinem Thron
   Zu uns auf die Welt gekommen;
Gnade hast du uns gebracht,
Von der Sünde frei gemacht.

8. Nunmehr steht das Himmelsthor
   Allen, welche glauben, offen;
Du stellst uns dem Vater vor,
   Wenn wir kindlich auf dich hoffen.
Endlich kommst du zu Gericht;
Zeit und Stunde weiß man nicht.

9. Steh', Herr! deinen Dienern bei,
   Welche dich mit Demuth bitten,
Die dein Blut dort machte frei,
   Als du für uns hast gelitten;
Nimm uns nach vollbrachtem Lauf
Zu dir in den Himmel auf.

10. Sieh dein Volk in Gnaden an;
   Hilf uns! segne, Herr, dein Erbe!
Leit' es auf der rechten Bahn,
   Daß der Feind es nicht verderbe!
Hilf, daß es durch Buß' und Fleh'n
Dich im Himmel möge seh'n!

11. Alle Tage wollen wir
    Dich und deinen Namen preisen,
Und zu allen Zeiten dir
    Ehre, Lob und Dank erweisen:
Gib, daß wir von Sünden heut'
Und von Lastern sei'n befreit.

12. Herr, erbarm', erbarme dich!
    Ueber uns, Herr, sei dein Segen!
Deine Güte zeige sich,
    So wie wir zu hoffen pflegen.
Auf dich hoffen wir allein,
Laß uns nicht verloren sein!

# Andacht für die Verstorbenen.

## Gebete.

### Litanei.

Herr, erbarme dich ihrer!

Christe, erbarme dich ihrer!

Herr, erbarme dich ihrer!

Gott, himmlischer Vater, der du sie erschaffen hast, erbarme dich ihrer!

Gott Sohn, der du sie erlöst hast, erbarme dich ihrer!

Gott heiliger Geist, der du sie geheiligt hast, erbarme dich ihrer!

Heilige Dreifaltigkeit, ein einiger Gott, erbarme dich ihrer!

Heilige Maria, bitte für sie!

14*

Alle heiligen Engel und Erzengel,
Alle heiligen Chöre der seligen Geister,
Alle heiligen Patriarchen und Propheten,
Alle heiligen Apostel und Evangelisten,
Alle heiligen unschuldigen Kinder,
Alle heiligen Martyrer,
Alle heiligen Bischöfe und Bekenner,
Alle heiligen Kirchenlehrer,
Alle heiligen Priester und Leviten,
Alle heiligen Mönche und Einsiedler,
Alle heiligen Jungfrauen und Wittwen,
Alle heiligen Auserwählte Gottes,

**Bittet für sie!**

Sei ihnen gnädig! Erhöre sie, o Herr!
Sei ihnen gnädig! Erlöse sie, o Herr!
Von allem Uebel,
Von der Strenge deiner Gerechtigkeit,
Von der langwierigen Betrübniß,
Von den bittern Qualen,
Von dem nagenden Wurme des Gewissens,
Von den grausamen Flammen,
Von der schrecklichen Finsterniß,
Von der traurigen Verlassenheit,
Durch deine wunderbare Empfängniß,
Durch deine heilige Geburt,
Durch dein Kreuz und Leiden,
Durch deinen Tod und Begräbniß,
Durch deine glorreiche Auferstehung,
Durch deine wunderbare Himmelfahrt,
Durch die Gnade des heiligen Geistes, des
    Trösters,
Am Tage des Gerichtes,

**Erlöse sie, o Herr!**

Wir arme Sünder, wir bitten dich, erhöre
    uns!

Daß du ihrer schonen wollest,

Daß du ihnen alle Schuld und Strafen der Sünden erlassen wollest,

Daß du sie aus der Finsterniß zum ewigen Lichte führen wollest,

Daß du ihnen die verlorene Zeit und die Vernachlässigung deiner Gnade nicht zurechnest,

Daß du ihnen jede Ungerechtigkeit verzeihen wollest,

Daß du ihre Trauer in Freude verwandeln wollest,

Daß du sie bald zur Gemeinschaft der Seligen gelangen lassen wollest,

Daß du ihre heiße Sehnsucht nach deinem Anschauen befriedigen wollest,

Daß du besonders unserer verstorbenen Freunde, Bekannten und Wohlthäter dich erbarmen wollest,

*Wir bitten dich, erhöre uns!*

O du Lamm Gottes 2c., Verschone sie, o Herr!

O du Lamm Gottes 2c., Erlöse sie, o Herr!

O du Lamm Gottes 2c., Erbarme dich ihrer, o Herr!

Herr, erhöre uns! Christe, erhöre uns!

Vater unser 2c.

V. Von den Pforten der Hölle

R. Errette, o Herr, ihre Seelen!

V. Herr, gib ihnen die ewige Ruhe,

R. Und das ewige Licht leuchte ihnen!

V. Herr, laß sie ruhen in Frieden!

R. Amen.

Gott, Schöpfer und Erlöser aller Gläubigen! verleih den Seelen deiner Diener und Dienerinnen

Verzeihung ihrer Sünden, damit sie die Nachlas=
sung der Strafen, die sie allzeit gewünscht haben,
durch fromme Fürbitte erlangen mögen. Amen.

### 1.

O Gott, der du deine Diener mit bischöflicher
und priesterlicher Würde begnadigt hast, wir
bitten dich, laß sie der verklärten Gemeinschaft
deiner Apostel zugesellt werden! Amen.

Ich glaube an Gott Vater 2c.

Am Schlusse:

V. Herr, gib ihnen die ewige Ruh',

R. Und das ewige Licht leuchte ihnen!

Vater unser 2c. Zehn Ave Maria, mit jedes=
maligem: Herr, gib ihnen 2c.

Am Schlusse:

V. Herr, laß sie ruhen im Frieden!

R. Amen.

### 2.

Gott, der du willst, daß alle Menschen selig
werden, und ihnen gerne verzeihest! wir bitten
dich, du wollest unsere Aeltern, Brüder und
Schwestern, unsere Anverwandten und Wohlthä=
ter, welche aus dieser Welt geschieden sind, durch
die Fürbitte der seligsten Jungfrau Maria und
aller Heiligen zum Genusse der ewigen Seligkeit
gelangen lassen. Durch Christum, unsern Herrn.
Amen.

Vater unser 2c. Zehn Ave Maria, mit jedes=
maligem: Herr, gib ihnen 2c.

Am Schlusse:

V. Herr, laß sie ruhen im Frieden!

R. Amen.

**3.**

O Gott, durch dessen Erbarmung die See=
len der Gläubigen ruhen, verleihe gnädig deinen
Dienern und Dienerinnen, unsern Brüdern und
Schwestern, welche hier und an allen Orten in
Christo ruhen, Nachlaß der Sünden, auf daß sie
von aller Strafe erledigt sich mit dir ohne Ende
erfreuen mögen! Amen.

Vater unser 2c. Zehn Ave Maria, mit jedes=
maligem: Herr, gib ihnen 2c.

Am Schlusse:

V. Herr, laß sie ruhen im Frieden!

R. Amen.

## Gesang.

1. Am Tag des Zorns, an jenem Tage
   Nach Davids und Sybillens Sage
Versinket einst in Asche diese Welt.
   O, welch ein Schrecken wird entstehen,
   Wenn wir den Richter kommen sehen,
Der dann Gericht von unserm Leben hält!

2. Wenn der Posaunenschall erklinget,
   Der in die tiefsten Thäler dringet,
Wird kein Geschöpf des Richters Aug' entgeh'n;
   Der Tod und die Natur wird beben,
   Wenn alle Menschen zu dem Leben,
Und zu der strengen Rechenschaft ersteh'n.

3. Dann wird ein Buch von allen Tagen,
   Von allen Werken aufgeschlagen,
Nach dem der Erdenkreis gerichtet wird:
   Dieß wird auch die geheimsten Thaten
   Vor seinem Richterstuhl verrathen;
Nichts bleibet ungerächt, Nichts unberührt.

4.   Was werd' ich dann, ich Armer, sagen,
Wenn die Gerechten selber zagen?
Zu wem werd' ich um Schutz und Beistand fleh'n?
Schreckbarer König! Quell der Gnaden,
Der nur aus Liebe mich geladen,
Erbarmer! laß mich nicht zu Grunde geh'n.

5.   O Jesu! denk', daß du das Leben
Für mich empfangen und gegeben;
Verdamme mich einst nicht zur Höllenpein!
Du saßest müde, mich zu suchen,
Du ließest dir am Kreuze fluchen,
Laß diese Mühe nicht verloren sein!

6.   Gerechter Richter unsrer Sünden!
Laß uns bei dir Vergebung finden
Noch vor dem Tag der strengen Rechenschaft!
Ich seufze, tief in Staub gestrecket,
Das Angesicht mit Scham bedecket:
Verschon', o Gott! gib meinen Bitten Kraft!

7.   Du hast Marien Gnad' verliehen,
Dem Schächer an dem Kreuz verziehen;
Das ist's, was mir auch Trost u. Hoffnung bringt.
Ich bin's zwar unwerth, weh' mir Armen!
Doch mach', o Herr! durch dein Erbarmen,
Daß mich nicht einst die Höllengluth verschlingt.

8.   Laß mich zu deiner Rechten stehen,
Mich unter deinen Schafen sehen,
Und stelle mich nicht zu den Böcken hin!
Wenn diese dann dein Fluch ergreifet,
Und in dem Flammenmeer ersäufet;
Heiß' mich mit dir und deinem Erbe zieh'n!

# Inhalt.

## Verzeichniß der Andachten.

## Alphabetisches Verzeichniß der Gesänge.

Die Käufer dieses Andachtsbuches, welche gerne eine gute Predigt lesen, erlauben wir uns aufmerksam zu machen, auf die in unserm Verlage vom Verfasser dieses Gebetbuches erschienenen, überall anerkannt gut recensirten Schriften

des hochwürdigsten Herrn Bischofs von Augsburg

# Dr. Pankratius von Dinkel:

**Predigten.** 2. Auflage in 2 Theilen. gr. 8. geh. fl. 5. 15.

I. Theil enthält: Predigten über die Evangelien auf die Tage des Herrn im katholischen Kirchenjahr.

II. Theil enthält: Predigten auf die Feste der Heiligen, bei besondern Anlässen und (2 Jahrgänge) Fastenpredigten.

(Jeder Theil wird einzeln abgegeben.)

**Homilien über die Episteln** auf die Tage des Herrn im katholischen Kirchenjahr. 2 Bde. gr. 8. fl. 3. 45.

**Homilien über die Evangelien** auf die Tage des Herrn im katholischen Kirchenjahr. 2 Bde. gr. 8. geh. fl. 3. 45.

Ferner erschien bei uns von demselben hochw. Herrn Verfasser:

**Das Wesen der ordentlichen, priesterlichen Real-benediktionen** in der katholischen Kirche. gr. 8. geh. — 54 kr.

**Zwei Predigten,** durch das Auftreten Ronge's in Erlangen veranlaßt. gr. 8. geh. — 9 kr.

**Trauerrede** für Königin Therese. gr. 8. geh. — 6 kr.

**Predigt** bei Einweihung der Klarakirche in Nürnberg. gr. 8. geh. — 6 kr.

(Der Ertrag für diese 3 Gelegenheitsschriften ist zu einem wohlthätigen Zweck bestimmt.)

Erlangen. Palm'sche Verlags- & Sort. B. Handlung.